［法］阿兰 著
陈太乙 译

论哲学家

广西师范大学出版社
·桂林·

论哲学家
LUN ZHEXUEJIA

Propos sur des philosophes

繁体中文译文编译来源为城邦文化事业股份有限公司—麦田出版事业部
非经书面同意不得任意翻印、转载或以任何形式重制
著作权合同登记号桂图登字：20-2024-066 号

图书在版编目（CIP）数据

论哲学家 /（法）阿兰著；陈太乙译. -- 桂林：广西师范大学出版社，2024.10. -- ISBN 978-7-5598-7182-4

Ⅰ.B-53

中国国家版本馆 CIP 数据核字第 20248W3E10 号

广西师范大学出版社出版发行

（广西桂林市五里店路 9 号　邮政编码：541004）
　网址：http://www.bbtpress.com
出版人：黄轩庄
全国新华书店经销
广西广大印务有限责任公司印刷
（桂林市临桂区秧塘工业园西城大道北侧广西师范大学出版社集团有限公司创意产业园内　邮政编码：541199）
开本：787 mm×1 092 mm　1/32
印张：11.625　　　　字数：210 千
2024 年 10 月第 1 版　　2024 年 10 月第 1 次印刷
定价：62.00 元

如发现印装质量问题，影响阅读，请与出版社发行部门联系调换。

推荐序

察觉我们人间的条件

○ 杨凯麟*

阿兰的写作入列于法国文人的独特传统,那是自蒙田以降,以第一人称"我"回应时局、抒发哲思并重视启蒙的人文主义书写。对蒙田而言,这就是"随笔"(essais),对笛卡儿则是"沉思"(métitations),对帕斯卡是"思想"(pensées),这种充满个人风格与感情的"反思书写"甚至远渡英吉利海峡影响了培根,而有了他著名的"随笔"(Essays: Religious Meditations)。

这些随笔、沉思与思想熠熠闪烁着人文主义的光辉,在

---

* 杨凯麟,巴黎第八大学哲学场域与转型研究所博士。

字里行间忠实地回响着作者本人最坚贞的生命与信仰。蒙田在他的《随笔集》一开始便直截了当地"致读者":"我自己就是我的书的材料。"这是一种以思想的绝对自主与自由出发的反思性写作,既由个人的生命经验提出了世俗的救赎,亦博学强记地摘引古今佳言给予佐证,文体轻盈不落俗套,夹叙夹议且总是洋溢着对生命的丰沛情感与最重要的、对于自由的由衷信仰。

阿兰将近十本"言谈"(propos)便是这样的"随笔",分门别类地对于幸福、美学、权力、教育、宗教、经济、政治、文学与哲学等论域提出充满灵光的短论,在两页的篇幅里对读者关注的问题给予启发性的观点,抛出有力的警句,并总是对于偏见与既有的陈套毫不留情地批判。

在这本关于哲学的"言谈"书中,飞翔着阿兰所喜爱的哲学家幽灵:柏拉图、亚里士多德、笛卡儿、斯宾诺沙、卢梭、黑格尔、马克思……阿兰以充满灵性的文字召唤他们,他说:"我读荷马的时候,与诗人形成社群。"而书中一百多则的"言谈",无疑地亦是为了与哲学家"形成社群"。

作为杰出的高中哲学教师,阿兰一生的书写都具有启蒙的教育学意涵,"追随笛卡儿,绝对不是想变得跟笛卡儿一样。不是的;我还是我,正如他就是他。"然而,笛卡儿,或书中屡屡召唤而来的斯宾诺沙、柏拉图或黑格尔等哲学家，总是意味着各种独立与原创思考的邀请，邀请读者亲身体验思想的无比诱惑与魅力，并且因而能自己开始付诸行动！

阅读阿兰的"言谈"应该回到"随笔"的书写传统之中，而法文"随笔"的本意则是尝试与实验，这是何以他在本书中会充满正能量地说："人将纯粹存在的范畴扩延得愈广，便愈接近它。"阿兰的言谈总是充满生命的勇气，这正是人间条件的现实。

这个二十世纪初的法国人在他的这本书中，正如他提及的小故事，并非邀请我们相信，而是邀请我们去察觉（percevoir）。

邀请察觉我们人间的条件，或许这便是阿兰"言说"在今天仍然具有的启发。

专文导读

行动与思想的冲突：实践者阿兰的矛盾

○ 潘怡帆*

《论哲学家》无疑白热化了阿兰思想内部的终极冲突，强调实践的哲学在此与形而上思想对阵。当今人文科学的式微其实映照着此实用与理论之辩，二十一世纪的我们从未离前朝太远。阿兰是我们思想的同代人，在应当行动和思想之间反复徘徊的地缚灵。而唯独重新整顿这未曾愈合的悖论，我们或许才能跨入下一轮太平盛世。

阿兰以生活在海上的水手为例。大海无情，只是纯粹地翻搅与摇晃，水手与其固守学理而葬身海底，毋宁更须随着

---

* 潘怡帆，巴黎第十大学哲学博士。

潮汐起落因时制宜地行动。这潮湿且昂扬竖立于眼前的巨浪使"哲学家被压扁,囚禁其中,宛如植物标本馆中的一株植物"。没有任何现实事件会完全符合哲学家抽象思想的预设框架,于是"事实扼杀思想","当天塌下来的时候,世界果然实实在在地存在。对,但那可不是可以慢慢思考的时刻。存在来势汹汹,我们捍卫自己,抵抗一群狂吠骚动的狗"。

只要置身现实处境,人便会发觉他是"根据自己的行动去思考""所有思想皆是行动的产物"。行动一旦发生,所有主动、预先或假设性的思考便全数翻盘,返回思想开始以前,因为"行动已改变所有关系。但是,想法上的行动,什么也不算,一切滞留在原处"。行动成为思想的分水岭,在行动之前与之后撕裂成两种思想:只是思想的思想与行动里的思想。由行动启动的思想将以实际效用否决行动前的纯粹思想,因为"没有勇气、不做选择,他们这些想法将化为尘埃"。与行动无关的抽象思想因为失效而陷入无用与应当舍弃的危机之中。

对行动的倡导成为思想的抵制,因为"行动永远回到原点"。突如其来的意外足以瘫痪思想,却激发反射性的行动本能,使人察觉行动的重要价值。倘若行动的每次展开皆断开此前的思想,使之归零,那么思想不仅无法积累,更因为被行动一再推翻而反复验证其非必要性。行动于是脱离思想的掌控，而且反之，成为诞生思想的起源；必须当机立断、壮士断腕、定谋贵决，因为"深思熟虑的人赚不到明天的面包，甚至得不到当天的温饱"。阿兰从不停留于纯粹思想的辩证，使得从思想到行动的单向道，转变为二选一的难题，因为问题不再是如何把思想付诸行动，而是行动正在废除思想。

不过，如此一来，我们便难以明白《论哲学家》的目的。不仅巴门尼德、柏拉图、亚里士多德、笛卡儿、康德等人的思想皆已经是前人之思，而非我们从行动中诞生的思想；即使阿兰强调黑格尔的观念哲学缘起于观察生活的自然哲学，并赞扬孔德的实证哲学，它们仍会随着时代的推进、不复存的具体案例以及思想体系的建立，转而成为非现实的抽象思想。在以"行动"为尊的坚持下，这些思想最终都难免成为过期品，遭遇无情的碾压。然而，倡导行动与关怀现实的阿兰为何仍需重提那些早已反复被"行动"化整为零的作古哲学家？

答案或许正藏在阿兰对帕斯卡的反思中。对阿兰而言，帕斯卡广受众人爱戴的理由无他，自由不羁的精神而已。自由是行动摆脱思想钳制的战利品，当行动不仅止于思想的实践工具，而能以自身的动能孕育思想，推翻既存观念，它便停止成为思想的附庸,而是与之抗衡,挑衅其局限性,亦即凸显"脱离现实的抽象思想并非能付诸行动的有效方针"。优先选择行动而舍弃纯粹思想,使行动从思想的禁锢中得到解放。

不过,从行动中诞生的思想同样受限于个案的现实框架,无法超脱于行动并反省行动本身,最终导致行动的僵化与无从改进。阿兰说:"行动驯服思想,但也贬低思想至工具的级别。""行动一方面净化精神,另一方面却又腐化精神"。倘若使行动对立于思想是为了换取行动的自由,那么《论哲学家》对众家思想的召唤,便是为了从行动的僵固中再次活化思想。这也是阿兰将我们指往帕斯卡的深意。

帕斯卡思想中永不止息的怀疑信念将人一再逐出安憩与惯性的舒适圈。他的自由不是因为他未曾立下任何主张,而来自他"持续地、根本地主张对立",甚至不惜悖反所有自己订定的思想,因而形塑了主动且强烈的永恒怀疑。这种不遵守任何现实条件与毫无立场的怀疑全面启动,既不属于任何固定的思想,亦无法被任何行动所收编。因为怀疑对所有现实处境发动攻击,倘若思想成为主导,则该以行动怀疑之;倘若行动位居上风,则必须振兴思想制衡之。

"怀疑一切"使思想与行动相互挑衅,轮番成为必须被重新检证的对象，这是阿兰以《论哲学家》来主张"讲求实际吧！脚踏实地吧！"的目的。他凸显理论与行动的冲突是为了击溃一切固着、不变或已死的主张，使之重返"有待思考"的处境，这亦是他联结思考与生成(devenir)的核心意涵。因为"思考并非一种安宁的处境，也不是内省的状态"，使之启动的方式绝非坚守体系，而是以冲突/怀疑来勃发生机，创造思考再度接近真理的可能性。

由是，我们得以回应亚历山大的犹豫，本书不以学派顺序编排，亦非随意蔓延的想法，作者一再开拓主题的多样性，却未曾建立自身的体系。作为货真价实的教育家，阿兰馈赠给后继者的不仅止于知识，还有使之成形的方法。静止与运动之辨，使思考自别于思想，使人不同于 AI，而现实与抽象、实用与理论总是必须并存的。思想不是为了被运用，而是为了通过行动的检证而翻新，唯有行动才能使思想重返更精进的思考，也唯有思想才能使行动超越当下而挺进未来。

这便是阿兰内植于《论哲学家》的冲突，与冲突作为一种解决方案的基础思考。

目 录

第一部分：智性

● 察觉

01. 蒙田说了这件很有道理的事 ... 3

02. 我们人人皆如休谟笔下那位暹罗国王 ... 6

03. 据说黑格尔面对群山时 ... 10

04. 最近人们纪念了斯宾诺莎 ... 14

05. 世界并非一幅景观 ... 18

06. 宗教大会造成唯物主义凋零 ... 23

● 分寸

07. 在太阳战胜乌云、唤醒热情及疯狂的时刻 ... 27

08. 笛卡儿大胆地将观念与经验分离 ... 31

09. 孔德饱读各种学问 ... 35

10. 我对同类的看法 ... 38

11. 我们思想的演进过程在历史上已有完整描述 ... 42

12. 这是我自创的一页历史 ... 45

13. 当我前往这场智者与哲人的盛会 ... 48

14. 柏拉图的洞穴,这伟大的意象 ... 51

● 怀疑

15. 帕斯卡到处戳破表面 ... 56

16. 当亚历山大大帝踏上他著名的冒险之途 ... 60

17. 吞下一项考验的人 ... 64

18. 几乎所有人都喜欢帕斯卡 ... 67

19. 人们谈论教导、深思、培育 ... 70

20. 同意他人即无视自我 ... 74

21. 一般说法仍把嘲笑头脑的人称为有头脑的人 ... 77

22. 众所皆知,斯多葛派是这么教的 ... 81

23. 一只鱼族神学家应能证明…… ... 84

24. 知识或能力,两者只能择其一 ... 87

- 工作

25. 领会的哲思是基础 ... 91

26. 若想试着根据黑格尔的辩证法来思考 ... 94

27. 十九世纪出现了两位伟大的建设家 ... 98

28. 假设亚里士多德活在康德和拉普拉斯的时代 ... 102

29. 当黑格尔去上课 ... 106

30. 不知道是哪个德国人在战争期间写道 ... 110

第二部分：行动

- 决心

31. 行动驯服思想，但也贬低思想 ... 117

32. 行动要的是一种阳刚的智慧 ... 120

33. 我不至于说，所有强烈的冀望都是好的 ... 123

34. 笛卡儿说："优柔寡断是最大的恶。" ... 127

35. 伏尔泰说："命运支配我们……" ... 131

- 良知

36. 卢梭说："良知必能教导我们……" ... 136

37. 有人吹捧苏格拉底英勇 ... 139

38. 人们再也不阅读《致外省人书》 ... 142

39. 政治问题几乎难以涉入 ... 145

40. 所有来到世上的人 ... 149

● 公正

41. 没有任何社会希望契约无效 ... 154

42. 主人和奴隶的关系是整个历史的症结与动力 ... 158

43. 谨慎的亚里士多德注意到 ... 162

44. 柏拉图的《对话录》中有一篇《高尔吉亚篇》 ... 166

45. 公正的人会置身事外制造公正 ... 169

46. 让我们想象一个人此时此刻的模样 ... 173

47. 我持续研究着牧羊政治 ... 176

48. 贵族政治是最适任者的政体 ... 179

49. 自由的思想难以驳倒 ... 183

50. 这几天，我重新拜读老好人约翰·穆勒 ... 186

51. 想得真，不就是想得正吗？ ... 189

52. 想到最近被大家纪念的约瑟夫·德·迈斯特 ... 193

53. 事情没有任何进展 ... 197

54. 在柏拉图的学说中我看不到任何不足 ... 202

● 神

55. 政治一点也没变 ... 207

56. 宗教大致分为两种 ... 211

57. 我读过三篇反对宗教神启说的抨击文章 ... 215

58. 对于为什么该品行端正,人们有所争论 ... 218

59. 斯多葛派虔诚恭敬 ... 222

60. 爱比克泰德的《哲学谈话录》与马可·奥勒留的《沉思录》
... 225

61. "你有能力,就教化他们……" ... 228

62. 勒南错估了马可·奥勒留 ... 231

63. 整个神学理论中有点什么已死 ... 235

64. 我看到有人歌颂圣托马斯·阿奎那 ... 238

第三部分:人

● 天性

65. 做而非受,这是愉悦的基础 ... 245

66. 弱者有弱者的智慧 ... 248

67. 斯宾诺莎的作品 ... 251

68. 歌德是八月之子 ... 255

69. 康德必然是历史上头脑最好的人之一 ... 258

70. 歌德与席勒之间美好的友谊 ... 261

71. 斯宾诺莎说："我们在交谈的时候……" ... 264

72. 我刻意不思考种族问题 ... 268

73. 孔德对于三种人类种族的看法 ... 271

74. 滴水嘴怪兽的长相 ... 274

● 激情

75. 智者、狮子、女蛇妖 ... 278

76. 柏拉图并非全然神秘 ... 282

77. 当人们跟我说，利益是挑起战争主要的原因 ... 285

78. 柏拉图的解读能力总令我惊讶 ... 288

79. 柏拉图医生 ... 291

80. 柏拉图开玩笑地说，爱情…… ... 294

81. 我在笛卡儿的思想中找到这个观念 ... 297

82. 笛卡儿最早懂得说爱情有益健康 ... 300

83. 奴性伤人的原因仅在于强大的心智 ... 303

84. 一口气访遍《伊利亚特》的伟大风景之后 ... 306

85. 一旦想描述邪淫 ... 310

86. 关于言语，孔德曾写下卓见 ... 313

● 社群

87. 孔德是少数了解纪念意义的人 ... 317

88. 应该向杰出的庞加莱致敬 ... 321

89. 崇拜逝者的习俗随处可见 ... 323

90. 效法逝者是一件大事 ... 326

● 文化

91. 学生对我说:"最可悲的不是用狭隘的原因与条件来解释一位天才艺术家……" ... 330

92. 动物没有远见 ... 333

93. 我喜欢孔德提出的这个观念 ... 337

94. 法国人遇见黑格尔就落荒而逃 ... 340

95. 思考激怒人 ... 344

● 和平

96. 我感到肩膀上有一只小手 ... 349

第一部分

一

智性

察觉

01

看见意味着注视，而注视即怀疑。

蒙田说了这件很有道理的事

蒙田说了这件很有道理的事，那就是：最不为人知的事，其实是人们最深信不疑的事。对于一段毫无意义的叙述，你能提出什么异议？那是一种对于奇迹的神奇看法。关于这个主题，我注意到，奇迹永远被描述传诵，不但如此，我们还只会信得更深。

人并不怎么相信自己所看见的事。我甚至想说，他其实一点也不相信，而且所谓的看见，反映的正是这不轻信的态度。看见意味着注视，而注视即怀疑。战争观察家都很清楚，如果率先相信自己所见之事，那将再也看不见任何事物，因为所有的一切都将对我们造成欺瞒误导，我们得不断地厘清、分辨这些荒诞空幻的表象。我还记得,一天夜里,我被一阵异常声响惊吓,走出我的洞穴;半梦半醒之间,发现自己置身在一座镶满钻石珍珠的廊柱宫殿中。那只是瞬间的影像,我很快便清楚是怎么一回事:原来,薄雾之中,月光均匀地洒落在结满冰霜的林树上。但是,如果我没有抱持怀疑,可能会一直以为自己看见了童话仙境里的宫殿。会查证确认之人是懂得持疑之人。我的意思是,他以行动表现怀疑,亦即他钻研探索。仔细观察观察家,因为他意图将事物全面研究透彻,想触碰并触摸他所见之事物;看他如何尽其所能地变换位置,以求变换各种观点。这样的人一点也不轻信人言,也从未轻信人言。

让这个人描述他所做过的梦,梦境早已什么都不是,再也不可能观察,反而是言论造就梦境,于是这名神志清醒的人再也不知该如何怀疑,一点办法也没有。相同的结果也会发生在描述一件他没看清楚的事——一件瞬间即逝或令他惊吓的事情之时。他不抱一丝怀疑,因为他无法探索。而且听众也和他一样。这时,强调的口吻及热切的情感便会加深印象。

我甚至敢说:一段真实无欺的描述不可能被恰如其分地了解。叙事者一旦无法为我们呈现事物,听众的想象立即疯狂。所有叙述都是口耳相传的故事；人们无法加以怀疑，因为欠缺事实。于是，我们了解：一段经过转述的叙事——而且是诚心诚意的转述，错误反而愈多。印象深植每个人的心中，无可救药，除非累积了我在此所披露的观察及其他许多事，养成一种极致的不轻信的态度，基于此，进而对所有叙事一律抱持怀疑。不过，这些观察也去除了一切对叙事者是否诚实的质疑，结果天马行空的叙述变成反映人类天性的事实，并且能够继续教导我们。这就是为什么，像蒙田这般聪明绝顶的人完全不挑选他要转述的叙事，从某方面来看，反而认为所有叙事都能被接受；因为就另一方面而言，他终究对每一则说法存疑。例如，他一点也不想改变任何事。的确，倘若缺乏标的，这类批评便失去时效。因此，人们经常以为这认真的精神轻浮肤浅，以为这位怀疑者优柔寡断，以为这位不轻信人言的人盲从耳食之谈。柏拉图也属其同类。少了这些大师，我们奋不顾身地思考，有如野马脱缰狂奔。

1924年11月

02

一个人若被鼓励去查证,他便什么也不再相信。

我们人人皆如休谟笔下那位暹罗国王

我们人人皆如休谟(Hume)[1]笔下那位暹罗国王。当一个法国人说,水会凝固变硬,大象都能行走其上,他立即拒绝听下去。凡从未见过的,或丝毫不像曾经见过的事物,我们便认为不可能存在。于是,非要别人逼我们凑近细看,想办法探索调查,让我们具备不断经历该事件的条件,例如在我们北方国家的结冰现象,我们才能放心认定那是可能的、早该预见其到来。但如果事发突然且为特例,如果我们完全没

---

[1] 大卫·休谟(David Hume,1711—1776),苏格兰哲学家、经济学家和历史学家,苏格兰启蒙运动以及西方哲学历史重要人物,怀疑主义论者。

有闲暇去探究，如果看不出有何办法可根据我们现有的知识背景来解释，那么我们就会被骇人的想法震慑，以为山丘真的会起舞，以为我们无法再信赖这个世界，一切努力终将白费。这种想法，恕我直言，与世界末日和最终审判如出一辙。现在难道不是只剩恐怖或慌乱？一个常人能持续处于这种状况中吗？不会从此坠入漆黑的激狂暗夜？

在这与宗教相关的论点上，人的看法几乎难以捉摸。所以事实上，这位暹罗国王一定相信他所属宗教中的各种奇迹，而那些事迹的惊人程度并不亚于水变成一块透明岩石。倘使故事中的法国人先向他讲述一则古时某个强大的魔法师的神奇事迹，我猜，暹罗国王应能从他的习俗中抓到线索，因为他本人也常引用其他奇迹为例，例如在某位伟大的巫师的长袍下，一株植物在一分钟内从根苗长成大树，或一条被抛入空中的蛇如陨石般停在半空中。只是坚硬的水完全未被当成奇迹叙述，反而被形容成一件平凡常见的事，发生在某个特定的季节，是人人皆能亲眼观察并探索的事。因此，对国王而言，法国人其实并非请他相信，而是邀他去察觉，却又没提供实物给他看。也许在欠缺实物的想法和其他想法之间，他已划出一道分野。从未有猎人在打猎时依循幻想狩猎，如雄鹿都是在守夜人监视的夜晚失去踪迹。总之，在所有国家皆然，一个人若被鼓励去查证，他便什么也不再相信。一匹跛脚的马总是很难卖出去。

沉醉于一段感人又引人入胜的叙事，更甚者，沉醉于一首诗的时候，那是一段奇迹时刻。此时，没有任何事物被查证，什么都不真实；必须相信所有的一切，游戏规则便是如此。然而一旦被纳入人世，被当成一种可查证的事物，奇迹就不再是奇迹。真心虔诚的信徒常不知不觉地想证明耶稣可能自然复活；或者，有种意志力可远距作用在人类身上，甚至事物上，全凭某种至今甚少被观察到的气流。"上帝所做的一切皆合乎自然"，巴尔扎克（Balzac）[1]在他看似极富奇幻色彩的小说《于絮尔·弥罗埃》（*Ursule Mirouet*）中，曾写下这个想法，既具神学色彩又兼顾理性。

尚在不久之前，几位实证派智士要求一个乞丐，如一场不容质疑的奇迹似的，带着在伦敦同一时间发行的《时代》杂志出现在孟买。然而，这是电报就能做到的事，且方法不止一种。而我也不懂为何有人一口认定人类的断腿不可能重新再长，鳌虾的脚却可以。在缺乏实事实物的情况下，我们

---

[1] 奥诺雷·德·巴尔扎克（Honoré de Balzac，1799—1850），法国现实主义文学家。较为人熟知的作品为《高老头》（*Le Père Goriot*）。

的批评效果不彰，且首要问题并不在于它可不可能，而在于它是不是那样。第一件要做的事是亲自去看，否则没有其他方法可以了解此事。我们很难从可能发生的事情去推理现实，因为我们总想这么说："这不可能，所以不是这样。"反观我们说"就是这样，所以这是可能的"之际，我们的推论又非常合理。这即是理性思考的脉络。

1928年4月20日

03

> 人将纯粹存在的范畴扩延得愈广,便愈接近它,甚至看见它在人类世界及他自己的生命中流通,且也愈强大。

据说黑格尔面对群山时

据说黑格尔面对群山时,只说了一句:"本来如此。"(C'est ainsi)我并不认为他因此找到存在这个严肃的想法,当时,在他眼中,这个观念显得很纯粹。这位诗人处处寻找灵性,依照他自己的说法,他试着将某种浩瀚的神义论(Théodicée)[1]发扬光大。这位绝伦的天才推想得那么远的事,我们所有人无不在尝试。我们想要相信存在能被证明,因此责怪那颗掉下来的石头,它一点也不考虑别人;责怪那场下个不停的雨,它一点也不考虑别人。对我们来说,掌管六月(Juin)的

---

[1] 神义论旨在证明,面对世界上存在的恶,上帝仍为美善。

朱诺（Juno）[1]是次要的神，她的任务是找我们的麻烦。"因为神被激怒了。"祭司说。但降雨、刮风、大太阳的分布盲目无理，怎么会被视为一种惩罚或仅是某种警告？各种元素被动摇，互相摩擦碰撞，这里出现龙卷风和暴风雨，那里闪电霹雳。别在这些基本运动中寻求某种意义，它们想怎么舞动就怎么舞动，而我们应该自行解决，提出应对计划，划动我们的小舟。

群山的景观（spectacle）透过这必须绕行的庞然大物，多少给人一种事业已竟的意念，但它这种无法移动的特性再次令我们产生错觉，因为我们已经习惯了；而且由于认为本来就是这样，我们自以为明白它不可能是别的样子。这些起伏的群山峻岭有某种实质存在感，我们会把它们当成人类个体，然而它们只是一堆又一堆的山头，每颗小石头，每一粒沙，处处受到撞击，留在留得住的地方，最后一点也不留。尽管如此，必须长时间关注，才能看出山岳的流动。坚固的事物总展现出某种面貌致使我们产生误解。眼中只看得见平地的人总是迷信，他在这些持续存在的事物中寻求某种意义。就

---

[1] 在神话中，朱诺能使雷声大作、狂风暴雨肆虐、四季变换，当然，她也可令一切天灾瞬间停止，端看她与朱庇特两人的婚姻生活是否美满。

连江河也永远流往同一个方向。若要对纯粹的存在形成某种想法，应该去看大海。面对大海，一种形态为另一种形态消灭，一个瞬间被另一个瞬间抹除。正想对海浪说话，它却已不复存在；海洋里所有的一切皆摇动，没有任何特定目标。每一滴海水，一会儿挤到东，一会儿推到西；每一滴海水皆由其他水滴汇成，无须费力寻找罪魁祸首。这里是不负责的天地，每个部分都把我们推诿给其他部分，完全没有任何中心点。"如此寂静的喧嚣"[1]，近日那位诗人是这么形容的。你若有能力，请衡量这句话。于是，人类终于听懂这什么也没言说的呢喃。

　　人，听懂很久了。多少个世纪以来，水手一直信任着这件事：它没有任何目的，什么也不知道，成分互相碰撞，无穷无尽。在这方面农夫则显得胆怯；他忧心忡忡，因为怀抱希望。水手评估这片流动的大海：大海显然没有计划，也没有记忆，而且因为大海不能给他任何指望，所以他只能靠自己。"第一个将自己和小船，交付给海洋的人，他的心脏被

---

[1] "Tumulte au silence pareil"，摘自法国诗人保罗·瓦雷里（Paul Valéry）的诗作《海滨墓园》（*Le Cimetière marin*）。

三层铜墙铁壁包围",拉丁诗人[1]如是说,但这是属于农夫的看法。在这浪潮边缘上,反而应该练就胆识,因为浪头之上才足以看清那儿没有什么可看的;如此全面的无差异给人信心,因为,面对这无意加害我们,也无意为我们好的汹涌动荡,承受宿命的念头反被消除。地势形状事先将我们可以做的事都解决了,于是有了异教徒的生活,也就是说,农民的生活是依据允许或禁止来运行的。海洋向我们揭示另一种法则,对有胆识的人来说,重要的是工具和方法。因此,无论坚实与否,皆必须反复思索,并评估这无尽延展的存在,不完美也非不完美的存在——它一点也不爱我们,一点也不恨我们,它不过是机械化地存在着;于是,在我们掌握了盲目的游戏规则后,即可管控它。人将纯粹存在的范畴扩延得愈广,便愈接近它,甚至看见它在人类世界及他自己的生命中流通,且也愈强大。

1926年6月

---

[1] 此语出自古罗马诗人贺拉斯(Horace)的作品《颂歌》(*Odes*)。

04

宇宙如此之大,也根据我所占据的一小处空间对我施压。

最近人们纪念了斯宾诺莎

最近人们纪念斯宾诺莎[1],我的想法与这些充满敬意的演说合而为一。也许,在这位博大精深的思想家以前,从来没有任何共和子民如此坚定果决,而眼见一位伟大的灵魂拒绝一切权势,坚持公平正义,亦是极其美妙珍贵的事。关于制度,关于这不容瑕疵的公开透明,有太多可言说,挤在这些单张的报纸夹页里,则显得太沉重。

然而我想说:心灵和肉体的结合难以表达且可疑,笛卡

---

[1] 巴鲁赫·斯宾诺莎(Baruch Spinoza,1632—1677),西方近代哲学史重要的理性主义者,与笛卡儿和莱布尼茨齐名。

儿的侄孙们仍将视之为异类，因为从此之后，灵与肉两者都将难以分辨。冲撞、摩擦和那绝对属于外在的需求，这巨大的组合以海洋为意象。海洋别无所求，只是一片会动的生命尘埃，只是滑动和卷动和回流和摇晃。透过这巨大辽阔的组合运作，我想，我知道何谓存在之法则，也知道它没有预设目的。这组合之中完全没有计谋，也没有任何形态的心智作用，我希望如此，且坚持如此。这种无差异性属于船只，而这份无分别的心则为航海之人所持。而如今，这一切更提升到神的境界，也就是说有了价值，然而这就过分了，笛卡儿的"广延"观念却因此遭到否定，我们又回头来将物和心混为一谈。物的部分知道该往哪里发展，并以机械性的方式运行，带来已设定好的未来、不可改变的宿命，无论心达到何等完美的成就，与之对立的，仍是机械以及所有严谨校准之理念，一切皆已底定，一切都设想到了。笛卡儿这位英雄哲学家远走高飞，将宇宙一分为二，甚至切成三份：机械、领会、意志；优先注重的是正确地描述人类的处境，让神去完成最终的体系。这是另一种形态的虔敬，不算小的虔敬。

巴尔扎克在转述一名旅人惊人的言论时说：沙漠就是没有人的神。这个说法有助于了解犹太教和穆斯林的信仰，总之，了解"东方"这个概念，那也许是精神的鸦片。面对一片由沙粒和岩石所形成的无垠大地，置身辽阔的苍穹之下，人感到自己渺小卑微，仅在愤怒时才会行动，那也算是一场沙尘暴。因此，由于反射行为，出现了这种伏地膜拜的礼仪。再更深入思考之后，又有了对这种无上全能的热爱。

面对属于海洋，盲目且易于操控的另一种需求，希腊人则过得比较自在。由此也产生了这座政治意味浓厚的奥林匹斯山，众神在此争吵，致使理性行为带有一点游戏趣味。而我颇喜欢神谕这种隐晦的游戏，绕着它们打转如同绕着暗礁打转，根本什么也看不见。于是，人回归自我，于是，苏格拉底终于鼓起勇气思考。认清无知，认清力量，评估风险。尤利西斯(Ulysse)[1]就是这样登上费阿刻斯人(Phéaciens)的岛。过完这关过下一关，永远不要光说不练，这是简短而有力的智慧。爱比克泰德(Épictète)[2]直白地说："别怕这片大海，两品脱的水就足以淹死你。"顺着这个想法，我会说，游泳的人要征服的从来就只有这两品脱的水。宇宙如此之大，也根据我所占据的一小处空间对我施压。我将之分切，并以这种方式拥有它。对这种人性分寸的想法及坚持，在笛卡儿的旋涡

---

[1] 希腊和罗马神话中的英雄。
[2] 爱比克泰德(Épictète，55—135)，古罗马斯多葛派哲学家。

和斯宾诺莎式的开阔思想之间，愈发显现出深深的差距：后者认为，海浪与所有其他的一切皆如一座由各种几何平面构成的巨大水晶，哲学家被压扁，囚禁其中，宛如植物标本馆中的一株植物。这是从上帝的角度进行的思考。但是，思考时，首先该依循的，应是人类的角度。

1927年3月20日

05

> 世界并非一幅景观，愈想将之简化成景观，就愈脱离现实，我们也会愈脱离思想。

世界并非一幅景观

世界并非一幅景观，愈想将之简化成景观，就愈脱离现实，我们也会愈脱离思想。曼恩·德·比朗（Maine de Biran）[1]担任贝尔热拉克地区（Bergerac）副首长期间，从办公桌所得到的存在感远多于你阅读一部印度游记所能汲取到的，这是因为他倚在办公桌上，用手引发了这件日常用品的反作用力，但在访客的眼中看来，那张办公桌只不过是一张办公桌，跟人们提到一张餐桌、一座城堡、一片风景是一样的。一个

---

[1] 曼恩·德·比朗（Maine de Biran，1766—1824），法国哲学家，起初为感觉论者，后来转向理智主义，最终成为神秘主义的神智论者。

倚在办公桌上的人所做的功并没有多少，然而，这个阻抗点（point de résistance）却曾是一整个世纪的思想中心，而且仅是一个开端。当工具张口钳咬，适应事物，并改变事物，那么世界的确积极顽强地存在。反之，纯粹只是思想的思想，一点也不会受到阻碍。那是文字之间的战场。

可以这么说：当天塌下来的时候，世界果然实实在在地存在。对，但那可不是可以慢慢思考的时刻。存在来势汹汹，我们捍卫自己，抵抗一群狂吠骚动的狗。工作提供了更多的区别分类。在做想做的事时，人才会发现，他所做的并非他所想要的，这让他感受到工具和胳臂的存在，那是世界的另一种呈现方式，不再是景观式的呈现。我们自己营造这种呈现，自己斟酌调整，证明人类的极限。这不是要说工具有教导的作用，那不关工具的事，我会这么说：有效的工作如同融入我们所有思维中的一粒盐。花园不会教导散步的人，但会教导园丁。如果园丁的思绪能离开他的钉耙，飘得够远，围绕所有的世界，这名园丁将成为伟大的哲学家。曾有那么一天，我，犯了职业通病，轻率冒失地发表了这个意象："被锁链捆绑的正义辛苦推磨。"一名园丁为此写了一封信给我，叙述他做过的一场梦。在梦中，他解除了正义的锁链。他说，那些锁链是黄金打造的，被他用来套挂在驴子上拉车。于是他出发了，前往一趟伟大且美丽的旅程。

柏拉图，在这封一个人写给另一个人的信中，我立即认出他。他懂得运用计谋，用他的方式铲土翻地，总能对抗某些阻碍，宛如老奶奶的童话故事。而他的技巧，人人都看得出来，即在于将别人所叙述的事全部叙述一遍，放入所有细节，当成一件事物般描述。如此一来，他延缓了思路开始理解的危险时刻。人们理解得太快，这将造成思想贫瘠的庸才。无论如何，在柏拉图的学说中，世界存在，人也存在；但是，值得注意的是，政治完全不存在。柏拉图的律法不能与莱库格斯（Lycurgue）[1]或梭伦（Solon）[2]相提并论。因为柏拉图拒绝担任国王、诉讼代理人或执达员，所以，诉讼案件的阻力以及为了改变而服从之必要，他的感受不够深刻。卢梭曾偶然担任大使秘书，这意味着他得撰写通行证并收取费用。我无法衡量他从这场经验中汲取了什么，而柏拉图也曾有过这样的想法：沉思者在一两年后应被抽离沉思，并且一生如此，

---

[1] 莱库格斯（Lycurgue，前700?—前630），古希腊时代的斯巴达王族，据传是斯巴达政治改革、斯巴达教育制度以及军事培训的创始人。
[2] 梭伦（Solon，前638—前559），古代雅典的政治家、立法者、诗人，古希腊七贤之一，公元前594年出任雅典城邦的执政官，制定法律，进行改革，史称"梭伦改革"。

因为他被勒令去指挥一组舰队，对鱼贩解说法律及诸如此类之事。不过这还仅是间接的工作、二手的经验。政治的真实面是阻抗的世界。所有的一切在此碰来撞去，地面凹凸不平。

如果一个物理学者曾仔细思考他熟知的那则定律，应能多少了解我们的苦恼，甚至关于筹码的问题：速度加倍需要四倍的功，而且这还是在最适当的条件下，至少需要四倍。因此，以两倍的速度前进，你会得到加倍的成果，但你只是让成果加倍，并不足以弥补四倍的付出。你一边工作一边损失。很好。然而，物理学者虽知道这则定律，却不足以相信它，因为他本身的立场是要设想毫不费力便能取得的高速。他重组世界，但这幅景观未达存在之境界。当我读到飞机即将遭遇音速障碍，甚至在那之前就达到极限，我感到欣慰。不过还是该知道飞机早已四处碰壁，该知道人们为破空飞行付出多少代价。所有的努力，例如极其精准地逆纹黏合许多小块木头，并从中切割出螺旋桨，这些皆是高速破空专家们的工作。我不想一一细数金属和矿物、布料以及种植绳索用的麻类植物；我错了；不过，若我将这些项目一一列举出来，我付出的代价只是一点墨水而已。对我来说，这做功的总和说服力仍不够。飞行员被机翼举高，但我的臂膀对此并不内行。景观。而飞行员还有很多其他事要考虑。速度摧毁我们，进而使我们盲目。飞行员挥霍他人的努力,无法确实感受阻力。签支票的人感受不到任何阻力,一千法郎或一百万法郎,在笔尖写来是同样的事。

1933年7月25日

06

狂热主义是人类最可怕的灾厄。

宗教大会造成唯物主义凋零

宗教大会造成唯物主义凋零。一种正确的定义应受到更有价值的重视,毕竟,那种欠缺戒律的唯灵论[1]也不纯净。"一切都充满神明。"一位古人前辈说。当帕斯卡(Pascal)[2]写下"这无穷尽的空间里,永恒的寂静令我恐惧",表达的完全是与此相同的想法,因为意思是"神明根本不回应"。卢克莱

---

[1] 唯灵论兴起于法国十九世纪中叶,其假定灵魂不死,只是暂时居住在肉体中。

[2] 布莱瑟·帕斯卡(Blaise Pascal,1623—1662),法国哲学家、数学家、物理学家。

修（Lucrèce）[1]赞颂他的导师伊壁鸠鲁（Épicure）为人类带来这个自由解放的想法：暴风雨或雷电之中，根本不含任何意志成分，而且日月食象的神秘其实和我在地上的影子并无差别。对于现象的形成机制，这种想法明确、有魄力且正面有益，因为所有神明都被人类的鲜血玷污，至多只是最可怖的野蛮崇拜热情。恐惧造就巫师，又将他们活活焚死。愤怒创造出复仇之神，然后打着他的名义发动战争。疯子便是如此，他实际展现各种热烈情感，自行提供情感宣泄目标的样貌，然后依此样貌来行动。仍是那同一个道理，在黑暗的迷信史中，人人根据自身的热情来塑造神明，并以遵奉他们为荣，虔敬诚恳，而这正是最糟的部分。当我们的热情具体化身为真正的事物、真实的世界，化身为神谕以及世上超越人类极限的意志，便已说明了一切。狂热主义是人类最可怕的灾厄。

所以，这是一个伟大的想法，或许是最伟大也最具启发性的想法：那些舞动的原子——没有任何思想的小物体，只有期限和形状，有的圆，有的带弯钩——它们的运作形成了我们周遭这所有的景观，甚至我们的身体，甚至我们的热情。毕竟，伟大的笛卡儿以及在他之后更出色的斯宾诺莎，已深

---

[1] 卢克莱修（Lucrèce，前99?—前55?），罗马共和国末期的诗人和哲学家，以哲理长诗《物性论》（*De Rerum Natura*）著称于世。

入进行这层关键思考：即使发生在我们身上，即使回头波及我们，我们的热情仍有如狂风暴雨；也就是说，有如受引力移动且摇摇欲坠的原子之洪流，回旋、翻搅、摧毁了他们所提出的出色证据，而这即是唯物主义智慧的第二阶段。在否定了"上帝的旨意"及天空中的预兆或警示之后，愤怒的人类竟进而否定"我的意愿"，还告诉自己："这只是发烧和血气上升，或是力气无处可发泄；多睡点，或者要注意控制体重。"

但是，从这些直爽的提议及清楚的感受中，谁看不出来是灵魂赢得最漂亮的胜利？基本上，没有人会怀疑。思考、减少错误、平息热情，这正是意愿的表现，也是战胜人们自行定义的盲目需求。我知道陷阱不少；有时候，接受了唯物主义思想却实践得不够彻底，也未曾通过自己的意愿去创造它的人，经常反而被另一种神学理论击溃、制约，表示没有什么可以反对什么，一切皆平等，不好不坏，没有任何进步的可能。仿若一名泥匠尚未出门就先把门封死。但这种危险比较是理论性的，不那么真实。事实上，我知道，在老派的唯灵论者中，十个中有九个会崇拜热情，怀抱战士的狂热主义，导致崇拜物质性的力量；反观不拘小节的唯物主义者，十个中有九个勇于追求公平正义，宣告道德力量的到来。

1912年8月

分寸

07

> 若懂得从人类历史中辨识人性，便更容易明白那一次次置人于死地的愤怒为什么会爆发。

在太阳战胜乌云、唤醒热情及疯狂的时刻

在太阳战胜乌云、唤醒热情及疯狂的时刻，该明白每个人的思想是平等的。若懂得从人类历史中辨识人性，便更容易明白那一次次置人于死地的愤怒为什么会爆发——那想必是为了借着隐喻，表达某种神学的或形而上学的制度。地球各地皆曾出现显灵、妖法、着魔、活人献祭等事迹，有鸟类占卜，也有内脏占卜，牺牲山羔羊并奉献给水源、暴风雨云、春临大地的各种力量。在这之中，我们却必须能够看出笛卡儿也具有同样幼稚无知且混乱无序的思想。野蛮民族的思考骁勇无畏，此事清楚无疑。成千上万的人都曾相信，如果一颗岩石砸中地上某个人的影子，等于伤害了那个人。这种奇

怪的论调当然不是通过经验累积而得,反倒是对影子的一种错误看法——将影子视为每个人触摸不到的分身、某种类似灵魂之物。于是,许多居住在赤道附近的民族认为,正午时分暴露在太阳下很不吉利,因为在那个时候,人几乎没有影子,这很清楚地意味着灵魂正在死去。值得注意的是,这种认知并非全然错误,因为正午的大太阳也的确毒辣,只不过不是他们所相信的那样。这类凭空幻想出来的概念唯有一种方法可治,那便是以真正的形成原因看待影子,即仰赖几何学和光学。但人们也看得出来,这个办法和灾厄扯不上关系,全然不若药方;如果,为了治疗我那受到侵犯的影子,我搬出欧几里得(Euclide)的理论,蛮人反而会视我为疯子。这些天真无知的人深受一种想法洗脑折磨:在这广大的世界中,一切的一切互相牵连。这个想法强大有力,是所有真实知识的源头,却也是所有错误的起源,正如占星术所带来的现象——我们的存在的确与天体现象有关,但并非所有的一切皆同等相关,也不是如他们所信仰的那样。

这样的思考负担令人痛苦,不久后便让人恼怒。我们每个人此时此刻皆背负着欧洲的重量、俄国的饥荒、各种和约、各次入侵;我们无法整顿这个动荡不安的世界,在那些混乱无序的奇幻梦想中,任何一点评价都能转变的世界。不久之前，我观察到一个喜欢大放厥词的男人，他想为其他人解释这些事，不过很清楚的是，他的讲词和动作中只有一种想杀人的暴怒，并以学院派的辞藻表现出来；除了牺牲成千上万甚至上百万的人命，他完全看不到其他解决之道，想必他已准备连自己的亲生儿子也要丢上祭坛。而这一切，依我之见，皆归因于那份想一并思考许多事物的强烈欲望，以及沉思的阿特拉斯（Atlas）[1]之怒：世界根本不是扛在他的肩上，而是在他的脑袋和整个身体里。无论如何，这个男人得以表达，并自以为大家都听懂了，结果他那些凶残致命的表态并未杀死任何人。

西比尔女巫（Sibylles）[2]的激烈狂怒最接近我们的热情，可惜我们不愿相信。那阵阵抽搐表现出一种完整的思想，而且保证真实，因为我们每个人都扛着整个世界和即将到来的未来；不过，理智需要绕一大圈才能条理分明且适当地谈论这件事。这正是泰勒斯（Thalès）[3]利用影子测量金字塔时所进

---

[1] 阿特拉斯，希腊神话中的擎天神，被宙斯降罪而以双肩支撑天空。
[2] 西比尔女巫泛指古希腊的女先知，通常被描绘成年迈的妇人，在迷醉狂乱的状态下滔滔不绝地讲述令人着迷的预言，被视为神与人之间的媒介。
[3] 泰勒斯（Thalès，约前625—前546），古希腊哲学家和科学家，米利都学派的创始人。

行的研究。但布塞法洛斯（Bucéphale）[1]对自己的影子感到恐惧，影子呈现出自身的可怖动作，是那些放肆灵魂的影像，他们想对一切付出同等的关注，并希望将一切以单一动作表现出来，而布塞法洛斯的铁蹄毫不在乎任何人的脑袋，我认为，甚至，如果被他遇上的话，连亚里士多德的脑袋也不例外。

1922年3月26日

---

[1] 布塞法洛斯，亚历山大大帝的爱驹。

08

> 仔细思考并不是向经验低头，反之，应秉持仔细思考的法则去思考经验。

笛卡儿大胆地将观念与经验分离

笛卡儿大胆地将观念与经验分离，瓦雷里（Valéry）[1]也曾以相近的字眼来定义思考这项工作。这么一来，我们可远离培根（Bacon）[2]那些简单浮夸的文藻；他眼中只有经验，除了经验，还是经验。然而，笛卡儿仍为世人所阅读，并拥有两三位忠贞的追随者。群众则跟随培根奔驰。我甚至还记得：其中一头羊毛最丰盛的绵羊写了一篇文章，证明培根和笛卡

---

[1] 保罗·瓦雷里（Paul Valéry，1871—1945），法国象征派诗人。
[2] 弗朗西斯·培根（Francis Bacon，1561—1626），英国哲学家、政治家、科学家、法学家、演说家和散文作家，古典经验论的始祖。

儿其实说的是同一个道理，我们这位精英就这么急急忙忙地投入贪求方便的阵营。这条路急转直下。只需一组镜子，爱因斯坦便突然用几道一点意义也没有的公式取代我们所有的想法。扭曲的空间和局域的时间（temps local）狂欢起舞。我认识一位聪明的老者，他在自己的脑袋里灌输这些新产品，如今他整个人看起来太过年轻，简直吓人。他们还宣告更美好的未来，因为，心理学者群中有一头毛已掉得差不多的羊，正着手编写一部人猴辞典。多么耳目一新！多么出人意料！这下可够吃三顿羊肉晚餐了。

在新事物轻易被视为合理正当的此刻，我该往哪儿去？我心想，既然此时我们能懂猴子的语言，又把自己的观念变得颠三倒四，自由表述的思想将成为主导。当然，若是人们推倒柏拉图和笛卡儿的老旧破屋，便等同于发动革命，白银墙壁也将破碎成块。有了广播，谁都能明白，古老的奴隶制度无法再生存下去。我不确定人们是否出于一片良善美意而到处倡导，号称牵引四处的电力应能消除政治的乌烟瘴气。可惜，真相适得其反。那些再次发怒的人要我们继续被绑在政治锁链上，运用欢呼喝彩的力量和蓖麻油，并以工业模式大量制造革命。而我们这些赤色红驴、管不动的人，是什么令我们摆动耳朵？那是因为我们仍依恋伊索和苏格拉底，他们的思想比街道还老。整个机器主义（machinisme）大张旗鼓，喧天价响，宛如讷伊市（Neuilly）的游乐园，却是白费力气：我们并未因此萌生放弃核心思想的念头。我们一点也不愿相信炫目嘈杂的速度感曾稍改主人和奴隶间的冲突。我们追寻平等，但寻找的范畴不在淹没普通常识的光年和原子的绕圈旋转里，而在古老的运算法、几何学以及阿基米德和伽利略的机械理论之中。在他们面前，人人平等。苏格拉底让一名小奴隶回答正方形的边长和对角线的问题，而这种行为是一场革命，非常缓慢的革命，但始终不停地战胜特权，并让特权人士恐惧。笛卡儿曾写道："常识是这个世界上分配最为公平之事。"

因此，指使奴隶的人从古到今甚至未来都这么说："多盖一些职业学校。在那里，每个人都要学习从事一种职业。这就是常理！"然而，请注意：当这种职业是调整电算机或架设好一台接收机时，并不会对启发心智更有助益。我想表达的大致如下：整个经验哲学（philosophie expérimentale）正好违背了公平原则。毕竟根本不该在经验中寻找公平的法则："永远互相平等，一个人绝对不是另一个人的手段或工具。"因为，相反地，经验不断否定公平公正。所以致富的是谁？掠夺征服的又是谁？是谁建造现代的学校？始终是操弄不平等，并且从中获利的那个人。对手是孩子的时候谁不会赢？没错，但这是不容许的，永远不容许。

"你又怎么知道？"易怒的人提问。这可不容易说明。但至少，我们可从笛卡儿的孤独中寻找答案，就在他对数字及运动定律的研究中，根据他本人的评断检视他的想法，而非根据秘鲁或中国西藏的新闻消息。因为我们必须承认，数字串的形成完全不仰赖经验，而星体的光谱也不能让人在十二和十三之间找出一个新的整数。这类省思重建心智之核心，让人明白：仔细思考并不是向经验低头，反之，应秉持仔细思考的法则去思考经验。这并非意味我们单凭思想便能知道埃塞俄比亚的深山里是否藏有金矿——不，这件事要靠经验来告诉我们。不过，三角形的所有测量及计算绝对不需仰赖经验，不仅如此，反而透过这些测量使经验成立。既然心智因此自订法则，这有助于认为公平公正并非一场变化无常不留痕迹的梦，相反的，是一种绝不屈服的观念，足以阐明经验。事实上，完全不将纯粹的公正如灯笼般高举的人们不会知道自己看见了什么。举起你的灯笼吧，人民！并小心别让风吹灭。

1936年2月3日

09

> 一旦一个人打定主意不再相信没有证据的事物,他便从科学中得到一切获得心灵平衡与幸福之所需。

孔德饱读各种学问

孔德[1]饱读各种学问,却懂得如何超越这些学问;我的意思是,不仅列出它们的秩序,更要将实证主义的整体知识维持在适当的地位。他甚至说,未来的人类将不再为天文学家、物理学家,甚至社会学者的烦琐研究付出大笔代价;一旦生活得以温饱,他们只会特别在意审美游戏。然而,科学理应联结各式才智,因为唯有科学足以成就。不过,仍要透过全体人类的美妙作品,才能塑造一个人。基于这些观点,孔德这

---

[1] 奥古斯特·孔德(Auguste Comte,1798—1857),法国著名哲学家,社会学、实证主义创始者。

位综合理工学院教师耗费在阅读诗歌上的时间多于观察星体。这种转换令人讶异，毕竟我们普遍认同科学赋予智慧。就某种意义而言，确实如此，但我们应该更仔细看待这种一般说法。

我认为应该采取伊壁鸠鲁和卢克莱修的做法，在物理学中只需找寻治疗疯狂盲信的药方。这些疯狂的信仰只在我们不明真正原因时才会起作用。天空中的彗星不会为我们带来任何灾厄，而日食以及随之而起的凉风顶多让我们打喷嚏。所以，如果我们未曾因此捏造出一种混淆不清且危险的想法，那么，对我们而言，去了解这些现象的真实情况一无是处。那些征兆发生之际，我们的思考生病了，于是产生焦躁、反抗、复仇、屠杀。如果我们只学习如何透过形成黑夜及白天的理由去设想食相，或者将彗星的出现及回归归纳到天体运动的一般法则之下，那就毫无药方可言。而从这些例子之中，我们可以看到，不需要每个人都有能力精确计算食相的时间，或重新修改哈雷彗星的轨道，那可是七十页的辛苦演算。关于食相或彗星抛物线形的坠落，只有了解其中运作机制的人，才能免除一切迷信所造成的恐惧。甚至，对绝大多数的人而言，只要预言或目前深植我们心中的普遍意见经过证实，这些计算出来的预测便能成立。惊慌与骚动皆平息。当时我年约七岁，家家户户出门散步观赏彗星，如同前往音乐会或马戏团表演一样平静。从此可见，在这些研究中，有一种奢侈的精准；而我们不会因此得到任何新的好处，演算专家也不会，除了他每个月的薪俸之外。一旦一个人打定主意不再相信没有证据的事物，他便从科学中得到一切获得心灵平衡与幸福之所需。摆脱迷信和狂热主义并不是件容易的事，但光做到这点还不够。我们的激动情绪仍有其他形成原因。

艺术，这种应该认真观赏的文雅更贴近我们，也更直接且深入地教化我们。诗歌、音乐、建筑、绘画，皆是我们真正的礼仪导师。所以，信仰崇拜仍是正向求善的主要工具，但必须是净化版的崇拜，扫除玷污雕像的血腥错误，而其实那是想象导致的疯狂灵魂所铸下的错。而且崇拜的作用只有在不知道真正原因的情况下才生效。因此，那将是崇拜没有灵魂的雕像，因为灵魂已在崇拜者身上找到避难所，一如所有鬼魂皆躲在我们的记忆中。于是，一方面，纯净的灵魂去除了最卑劣的错误，凝视形态纯净的雕像；另一方面，这种形态本身规范着我们的行动，绕了一圈之后，赋予我们较有智慧的思想。宗教就此实现成真。

1922年10月16日

10

> 我们想要的是他自然形成的模样,这才是我的同类。

我对同类的看法

我对同类的看法是一种看法。此事非同小可,因为他与我的差别扑面而来。根据他的形体及动作,他那无法模仿的说话方式,他曾经见过及其眼中所见之事,他擅长做的事,以及他身上那个我所不知道的秘密世界,我知道那是他人也是外人。但我希望他与我相似,成为我的同类;我试图使他变成这样,我完全不让自己被拒于门外。

透过几何学,我认定他是我的同类。苏格拉底曾完成一件大事:那一天,他在沙地上画出平方和对角,他说明的对象不是亚西比得（Alcibiades）[1]也不是美诺（Ménon），亦非哪位显赫贵人，而是一名披着长袍的小奴隶。苏格拉底透过这种方式寻找同类，在社会养成的生存孤独中呼唤对方。于是他塑造出这另一个社群，聚集他的同类；他邀他们加入，追踪他们，却不能强迫他们，既不能也不想。被迫模仿的人在我看来有如猴子一般奇怪。为讨好而模仿的人却也没强到哪去。苏格拉底所期待的是，那位他者就是他自己：一样自律，不相信任何人，也不奉承任何人，仅专注于普世通行的想法。基于这一点，他们互相认可，宣布彼此平等。另一个社会于焉现形。

音乐与诗歌的效果更好，因为肢体亦投入其中。人全神贯注，在运动、数字、协调、对称之中找出他的几何形态已是丰富收获。但另一项奇迹在于，生命这场游戏和抽象的理性协调配合，高与低取得和解，双方皆然；这造就了一个伟大的时刻，一种最刻骨铭心的认同。这不再是人类心灵的相遇和经验，虽然那已经很美；而是人类本性的相遇和经验，也就是说，已存在的人性。于是，辽阔且不可见的社会变得可以感受，仿佛亦存在于建物、绘画、图像周围，在这座回

---

[1] 亚西比得（Alcibiades，前450—前404），雅典政治家、军事家。

响着不陌生的奇怪脚步声的博物馆里，显得更加寂静。我的同类做出这些重大见证，立即将我纳入社会，联结到我不认识的那个人、那个已经去世的艺术家、那支孕育出那位艺术家的民族。人类群体于焉存在。

在艺术领域中，我未发现宽容，在几何学中也没有。这件事拯救我脱离可悲的友谊，那类友人似乎想对我说："你是他人，我也是他人，我们彼此忍受对方，只因为我们没有更好的办法。"由于这份宽大，所有上天的恩赐皆提早丧失。伟大的友谊和兄弟之情的条件更严苛。歌德（Goethe）曾说过这番可敬的话："原谅所有的人，甚至那些你所爱的人。"这话说得令人敬佩，因为人们无法奉行。毕竟，假如有个人表现出对艺术无感，或面对几何学时退缩不前，你即便轻视他，也无法让自己得到安慰。或许，这是对他要求过度了；但我们也没有权利再降低要求。最美好的状况是，态度尽可能严格，但不能强迫，因为我们要的是自由的人。我们想要的是他自然形成的模样，这才是我的同类。他可以拒绝当我的同类，而我，我希望他是。我对他迎面抛出的，宛如泼在熟睡之人脸上的一盆水，那是我的保证：假如他愿意，我会把他当成我的同类；我的同类与我的模范，是的，仅需一个动作，来自神智，或来自内心，或两者皆是。而我等待，依循克洛岱尔（Claudel）[1]美丽的意象，我等待，如摩西以长杖敲击岩石之后那样等待。等待一个可怜的人，甚至一个可怜的孩童，很烦人也很严苛。这类型的苛刻是世界上唯一的好事。慈悲并不施舍，它提出要求。

1927年5月20日

---

[1] 保尔·克洛岱尔（Paul Claudel，1868—1955），法国著名的诗人、剧作家和外交家。

11

> 古代先人希望星体的轨迹画成圆，他们已踏上正确的道路；而得到椭圆的我们则走在更正确的路上，不过那始终是同样一条路。

我们思想的演进过程在历史上已有完整描述

我们思想的演进过程在历史上已有完整描述，因此，已有真正的方法。我同意。人类精神逐渐成形。我喜欢跟进其发展，在我看来，没有任何其他方式可以孕育想法。即使在初期，想法仍应是想法，如血缘与生命。就像孩童在长成大人后应该仍能找到自己，找回完整的自己，早期的梦想没有一项被遗忘、被轻视；相反地，全部得以实现，其中所有珍贵的部分皆得以发挥。不过我发现，那些小鼻子小眼睛的历史学者却正好想提出相反的证明：经过一个又一个世纪，人类承认自己所犯下的错误，并将它们抛弃。这仿佛在说，托勒密所建立的体系为哥白尼抹灭；但那学说根本没有被抹灭，反而是得到证实。古代先人希望星体的轨迹画成圆，他们已踏上正确的道路；而得到椭圆的我们则走在更正确的路上，不过那始终是同样一条路。椭圆是从圆衍生出来的，因此，指出星体的移动轨迹并非圆形，这般观察唯有在假设为圆之时方能成立；而在今日，扰动现象也只有在假设为椭圆的状况下才得以观察到。依此类推，直至现在，要研究天文学，依然只能先观察星体的表面，标示出两极、赤道、子午线，和最早的天文学家们所进行的别无两样。一开始就学习哥白尼体系的人，他什么也不知道，因为他并未依循人类的道路。他一下子站在大太阳下思考天空，即使从身体离不开的地表抬头仰望，也无法看清那些外表特征，无法厘清所感知的一切。他的想法只能纸上谈兵。这类学究书呆子确实存在。

就我所知，有两位思想家对历史抱持肯定的想法，而非负面否定。他们处于同一个时代，只是持不同的说法，彼此互不相识：我们法国的孔德、莱茵河对岸的黑格尔。两位皆是学问渊博的大哲，在我看来却太不为人所知。每一次，我因为受到牵引而偏好其中一位时，另一位便会把我拉回他身边，以至我最终不得不认为他们说的其实是同一件事。而且两人各自竭尽所能，证明托勒密和哥白尼的研究是基于同一种思考。在我想相信黑格尔更能掌握宗教的深度或艺术作品的意义时，另一位金头脑立即对我示意，然后，经由较枯燥荒芜的路径，引领我凝视同一幅由想法、民族及神庙殿堂组成的风景。因为，综合理工学院的金头脑说，崇拜星辰完全没有错。人类的命运确实与星辰的运行息息相关；我们所有人的生活的确紧密依赖日出日落、四季变换、潮汐、风和雨；而且，就连古代的占星学家也没想到事实如此之真。但是，所有的一切皆彼此相关，仿佛被看不见的线牵连；他们抱持着这种坚定的想法观察星星，最终不可能不发现几项真正的关联。所以，朝天空祈祷，先追寻这方面的秘密、灵光、能量和平静是正确的举动。今日的祈祷词只是修改得较流畅，但最初的想法并未遭变动。我说什么？未遭变动？其实它变得更丰富、完整、确切，不仅有野心勃勃的希望，还找到了更具体的内容。而这个想法，逐渐掌控人心，而且掌控的力道愈来愈强。这种强效食粮，由族群研发，对个体有益，对他个人的实际发展来说是不二之选。那些说古代物理已被击倒、欧几里得的几何学已然过时的迷失心灵，我邀他们坐上神的餐桌，共享蜂蜜佳酿及众神美馔。

1921年5月20日

12

历代君王只留下雕像和墓冢。征服者与被征服者皆腐朽，尸骨层层相叠。但是毕达哥拉斯的精神仍与我们同行。

这是我自创的一页历史

这是我自创的一页历史，而且无论如何真实不虚。事情发生在西西里岛，或那一带的某个地方。毕达哥拉斯在讲解一些数量方面的深度课程之后，稍作休息，转而谈论起关于公正与否的高贵论点。我想象那些谈话的地点在某个芬芳的花园，或者某座海岬上。门徒群众中，我想加入柏拉图以及他那旅人的灵魂，或许还有阿基米德。历史学者制止我再继续，因为，他说，这些人物在当时不可能相遇。难道我得跟这个没文化的历史学者解释相遇的方式有很多种吗？嗟！他还是去研究编年史吧！

那是一个夏日的夜晚，也许，像昨晚一样，月神从天空的一侧轻移到另一侧，介于战神（Mars）的火星和农神（Saturne）的土星之间。他们的目光想必早已落在起伏的地势和滔滔江河上。在他们朝人类的命运伸长手臂之际，星辰运转，太阳终于出其不意地露脸。我喜欢想象：那天早晨，蝉鸣与蜜蜂嗡鸣共谱一场美妙的音乐会，一名牧人吹起牧笛，山羊脖子上的铃铛也加入奏响。就这样，思想家和他的弟子们踏着轻快的步伐步入归途，随时可迎接辛勤后的报偿。

哆！咪！嗦！转了一个弯，来到村口，打铁匠的铁锤组唱了起来。若不是这些偶发事件，我们恐怕什么也发明不出来。哆、咪、嗦，里拉琴的和弦！毕达哥拉斯停下脚步，掂了掂各把铁锤的重量，发现它们之间的重量差都是简单的整数比，于是突然辨认出和谐音响中的数量法则。这在当时好比另一次日出，另一种照耀万物的光芒；"因为，"他说，"一切皆可化为数量。"他没有多加说明，但这些话语至今仍在我们心中回荡，宛如最美的人类之歌。

曾经晦涩不明，曾经难以确定。只要想起数量的这种威力，人们至今仍三缄其口。为什么依照数量之所需而出现一颗新的行星？为什么谈论能量？为什么有这些公式，关于各种事物的公式、能预言推算的公式？为什么有这么多奇妙的碳氢化合物组合符合数列，并且，姑且这么说，尚未出现在熔炉以前，便先诞生在墨水笔下？一切皆可化为数量。一切都依循数量法则！

那位掘土的思想家，大致上从来没再找到其他可与此相提并论的发现。两千多年之后，这美妙的思想仍开枝散叶，结实累累。历代君王只留下雕像和墓冢。征服者与被征服者皆腐朽，尸骨层层相叠。但是毕达哥拉斯的精神仍与我们同行。正如柏拉图后来所言，尸体会腐化，想法却能越过千古世纪。这便是我们真正的历史。可是历史学家嗤之以鼻。他更喜欢一本正经地刻写希罗多德（Hérodote）[1]为了自娱而编撰的唠叨故事。

1909年12月1日

---

[1] 希罗多德（Hérodote，前484—前425），古希腊作家。他把旅行中的所闻所见，以及波斯的阿契美尼德王朝的历史记录下来，著成《历史》一书，成为西方文学史上第一部完整流传下来的散文作品。

13

> 我不会恭喜利用互比去赚取自己的财富、不思考其纯粹性的人。这就是巫师一直在做的事。

当我前往这场智者与哲人的盛会

当我前往这场智者与哲人的盛会，柏拉图的幽魂分散了我的注意力。"从这些不干不净的打铁匠身上，"幽魂问道，"你希望学到什么？他们的言论没有一点美感，而这是一个重要征兆。不过，也许你还没好好学会：比起思想观念，真心的意见是多么的无关紧要。难道你根本没注意到，野心与愤怒，再加上恐惧，也形成了一种正义？同样的道理，心灵平庸的部分在此酝酿，某种程度来说，盲目地亲手塑造出某位智慧偶像。而这般机械化的文明生产了许多机器，却还能制造出一具思想机器，丝毫不是奇迹。正如你的机器鸟会飞，尽管修破铜烂铁的工匠并不懂其中原理；于是这项机械原理从平地一跃而起，工匠则拍着大手用力鼓掌。但是，来吧！让我们到墙外去找些许西西里的春光美景和毕达哥拉斯式的和谐乐音，因为大自然万物比这些粗俗的画面更能回应我们的想法，而且隐喻更加道地。"

所以，当我们坐在慷慨的土地上，乌鸦让一棵棵黑压压的树木发出声响，直达树根；一阵人声歌唱传进我们耳中，混杂着铲子碰撞的尖锐声；太阳的光芒射入我们周围的土里。这时，阳光的产物——影子，激化了一项古老的学说。"比我还早进行研究的人，"影子说，"已经知道：事物本身不可能具有思想，而这四块小骨头中也没有任何一块是四；同样的，没有任何几何形体拥有直角、等边、弯弧；总之，数量、大小和形状一点也不连带在物体上，与颜色和重量截然不同；而固有性（inhérence），至少对最初的几个观念而言，在互比（rapport）之下瓦解。因此毕达哥拉斯能够预言：所有特质终将逐渐脱离物体本身，并可用相对关系（relations）解释，正如他先前已知，如何解释里拉琴的和谐音与钟铃的声响；而他沉思这个观念及其所有发展的时机，想必是那段幸福快乐的日子。不过，我旅人的灵魂丝毫没离开这片土地，也许我太爱它了。因此，我在历史中又找到了想法。在伟大的笛卡儿时代，我看见运动从物体本身中被拆解，并提升到相对关系的层次，因为，如他所言，运动不再存于所谓移动物体之中，而是在它周遭的物体中。后来，经过牛顿的证明，从物体移除的是**重量**，仅存在于这颗石头、土地、月亮、太阳以及万事万物之间的关系；尽管泥土的产物——指头，坚持感受这颗石头本身的重量。而现在指头发现，质量，这最高等感官幻觉，亦非物体固有，依然用另一种方式在传达一种物体相对所有物体的关系。但我觉得，他们对于我这个时代的智者们已预料到的这场胜利似乎有些大惊小怪。我看见同样那批人，背负了太多泥土，想一手掌握原子：原子，相对关系的图像，因为那图像表达出每项物体的特质其实全是外在的。可是你说什么？确实曾有一段时间，人们相信影子属于人的一部分，可以捉摸它。恭喜懂得思考互比的人。但我不会恭喜利用互比去赚取自己的财富、不思考其纯粹性的人。这就是巫师一直在做的事。"乌鸫歌唱时，柏拉图的幽魂这么说。

1922年4月22日

14

> "善"这个观念一开始会先令人炫目,而非清晰明亮,必须紧紧跟随一大段漫长的论述之路,才能捕捉到某些真义。

柏拉图的洞穴,这伟大的意象

"柏拉图的洞穴"[1]这伟大的意象,惯常变成隐喻,在人类的世界中流传,宛如珠宝,放射耀眼光芒。但原始的意象其实是另一回事,它形成一个值得千古世纪深思的主题。此刻,仰望这片沉沉的冬日天空,我喜欢想象自己和其他俘虏绑在一起,赞叹地看着墙上那些影子,因为墙上未书写任何能为

---

[1] 柏拉图在《理想国》第七卷中,以洞穴的比喻来说明人类追求善的过程。一群俘虏背对洞穴入口,并面对墙壁。他们只能看看从背后洞口射进来并映照在壁面上的影子,由此判别真伪。其中一个俘虏率先辨出真伪,因而他走出洞穴。只是洞穴外的阳光太强,他一时无法适应,只能先以事物的影子判断真伪。一段时间过后,他才有办法直视太阳,亦即至高的善。

我稍微解释这片天空的观念。我的眼前没有赤道、两极、球体、食相，也没有重力。我发现应该去看别的地方，甚至要经过漫长迂回的数学推演，冥思没有形体颜色的事物；它们完全不像这幕景观，却能为它提出解释。

于是，我跟着某个还年轻的俘虏离开。他被某个好心的守护神解开捆绑，循着稳固的道路前进；那种稳固来自证明，与这片土地完全不同。我看见他被另一种稳定惊吓，被另一种亮光炫目，多次怀念另外那种认知，牧羊人和海盗只要懂那些就够了。但他被牵制，人家不让他回头。起初他为想法反映出的样貌所吸引，那些呈现让人看到真相，却不知道理何在。于是，他努力透过比较清晰的推理，掌握住想法本身；从此以后，他开始轻蔑图像，进入代数的荒漠，不再被相似的事物欺骗。尽管如此，我的综合理工学院教授——毕竟他是其中之一，仍大可再次把自己变成一名机械化的思想家，并把这些迹象当成另一种盲目的经验。这就是为什么柏拉图继续引导他，直到这个思考点上：在此，只有言论能引导我们，我们不再观看，改以凝听。于是他知道数字不是物品，直角也不是。他终于通达那些观念。如今，他能以水文工程师或土地测量师的身份重回洞穴。带着三角尺及其他强大的无形工具，他宣告各种现象，合日、食相；甚至，通过建造堤防和船舰、各式各样的机器，把他们变成有效的影子。于是他统治一切，必须带领俘虏走向更好的命运。然而，我看见他仍处于惊讶状态，而非已领略教导的模样；他太惊讶自己的配方能够成功，并赐予他强大的力量。可怕的思想机器，他抹杀的人远比另一位多。

这下子我离柏拉图太远了，但这也是因为我急于回来制造奇迹，就像掌握了两三个秘密的魔术师。柏拉图仍一直往前进，想带领那逐渐成熟稳固的追随者，即综合理工学院教授，达到省思善的境界：那是思想中的太阳，照亮观念，甚至事件。而柏拉图特别提醒："善"这个观念一开始会先令人炫目，而非清晰明亮，必须紧紧跟随一大段漫长的论述之路，才能捕捉到某些真义。所以，这岂不就是自由的灵魂吗？他不根据影子的法则，而根据自己的法则建立观念。若能将弟子带领到此，并抑制他的焦急不耐，直到他能判断这最高价值，那就能让他回到洞穴里，取得王者的地位。因为，他知道自己是个有灵思的人才，而且自由；如今他已能辨识所有"善类"影子，他们千变万化，是勇气、节制、廉洁以及学识；并且，从这些人影中，他能认出真正的人，他的同类，无可比拟的价值。现在无须担心他拿来当成手段和工具，也别担心他骄傲自己比别人更懂得如何杀人。要担心的反而是，他比别人更懂得如何认清人。他将再度举起武器，不允许人们杀害善良好人。这样的综合理工学院教授，多么奇怪罕见啊！

1928年3月25日

怀疑

15

> 一个看来什么都懂的人比一个只懂一件事的人伟大吗?这颇有疑义。

帕斯卡到处戳破表面

帕斯卡到处戳破表面,甚至直称没有慈悲心的人是狡猾的人。他经常谈论有权有势的君王,以及他们应得的敬重。那是非常难得的,相当于挑选与长矛相配的盾牌。但人们永远可以设计并很迅速找到一面更强大的盾牌,或一支更尖锐的长矛,如此无止境地继续下去。而这没完没了,最主要就是无聊。无论一米有多长,你永远可以乘以二加倍。风可以加倍,雨可以加倍,火山可以加倍,一点也不会对心智造成困扰。爱比克泰德说:"只要两品脱的水就能把你淹死。"强权的世界徒留强大，请大家参考思考的芦苇[1]。

阿基米德，才智之王，以其发明而论，远超越强权的世界之上。当他将那顶著名的皇冠称重两次，一次在空气中，一次在水中，从某种角度来看，他的伟大更胜长毛象，远胜星辰之间的距离。这并非因为他找到一种不被金匠欺骗的新方法，而是这个发现透过的是对水的认识：水位变化，水位因皇冠而升高，于是得出皇冠的重量。整个棘手灾难因此被克服。这正是阿基米德的儿子们从未随意抛弃的高贵头衔；他们又为许多其他物体称重。一个不起眼的问题导致国王的儿子颜面尽失，牧羊人的儿子光耀门楣；其原因在于两人的知识与专注力。而如果两者皆能找到解决办法，他们的实力也因此平等。握有武力和胜利一点也不能改变这个结果。对于胜利的这一方，我们颂扬得已经够了。

始终是胜利、强权、不平等。能多学到一项理论就是一场缘分。我看过有些人因为比他人多懂一项理论便试图轻蔑对方。他们也会用读过的三行句子恐吓别人的精神。不过，不久便会出现比他再多读三行书的人，而这样的状况无止境地持续下去。而且是虚幻的无止境。根据才智专用的衡量范

---

[1] 帕斯卡曾说："人只是一根会思考的芦苇。"

围来看,一个看来什么都懂的人比一个只懂一件事的人伟大吗?这颇有疑义。

我们来到意志(vouloir)这个斯多葛派早已察见、而后为笛卡儿所阐明的观念。我们来到这种大胆惊人的想法,一旦慷慨起来便完全失去警惕,而小气的思想贩子绝不会拥有。我喜欢笛卡儿所提出的警告,他说,他所做的种种假设中,有许多值得怀疑的,还有一些是错的,但这丝毫不妨碍他继续物理研究。而且,就是他这个人将大胆的思考命名为雅量(générosité)。这个字眼让我们警惕。慈悲离我们并不遥远。因为承认自身拥有这种形成观念的能力,等同于承认自己和阿基米德有同等能力,即使自己知道得比较少;而这等同于有意假设这种能力在所有人身上皆平等,不管他们多么无知,看起来多么难堪。这个观念造成平等。这个人对那个人来说是神。从错误及激情中所得到的所有证明无不抨击这一点。许多人投降,要求这种平等自动展现,忘了应该由我们去提出并支持。拥有这份平等,他们以为已提升自身的地位,但其实不升反降;因为,寻求并希望每个人的才智皆相同的这股精神力量,正好是克服困难明了某件事进而知悉一切所需要的力量。因此,帕斯卡废黜神的强大力量,废黜神的智慧,以及这一切喧嚣的不平等。可惜他并不完全了解状况。他那位受辱之神仍是重要象征。帕斯卡终结先知的预言,但他本人仍是象征与先知。如同《新约》,我会这么形容。

            1924年8月19日

16

> 我们的不幸来自热情，我们的热情则来自意见。

当亚历山大大帝踏上他著名的冒险之途

当亚历山大大帝踏上他著名的冒险之途，皮浪（Pyrrhon）[1]——另一位不朽哲人——跟随在侧；但当时他不过是个急于证明自己的勇气并贪图见识新鲜事物的年轻人。他见识了不少，并非所有的一切皆赏心悦目。在那段时期，远观战争比近看来得美。人们传说皮浪不幸受重伤，在病床上，他让人见识了他的勇气。我们知道，复原之后，他不再相信世界上的任何事物，甚至不愿再小心远离马车或恶犬。凭着这份智慧，他创造出一套倾向否定的学说，后来即以他命

---

[1] 皮浪（Pyrrhon，前360?—前270?），古希腊怀疑派哲学家、怀疑论始祖。

名[1]。若我们愿意相信古代历史学者的记录,皮浪是在印度找到自己的导师的,因为他在此遇见秘教苦行僧,又称裸体修行智者,至今在印度仍可见。在风俗和道德准则方面,当时的印度似乎确实和现今大同小异,而面对亚历山大的士兵,乞行者们波澜不惊的态度,与后来面对英国人时差不多:只不过像是多了几只苍蝇而已。据说,有一位如此无动于衷的人在军队面前活生生地自焚而死。显然,任何一名士兵即使用服从军令武装自己,多少都会感到难过,且必然从这些裸体修行智者身上学到一些东西。皮浪发现:那些智者的秘密就是不形成任何意见。我们的不幸来自热情,我们的热情则来自意见。我引用我所熟悉的《人质》(*L'Otage*)[2]一书;书中有一句话将这种东方式的冷漠表达得淋漓尽致,没有人能说得比库封丹(Coûfontaine)好。"我记得印度的僧侣们说,这段糟糕的人生虚有其表,而它之所以与我们同在,是因为我们带着它移动。只消坐下,原地不动,就能让它无视我们。但这样的尝试低贱卑鄙。"这是征服者的言论,而光是这段话,

---

[1] 即"皮浪主义",或称"皮浪怀疑主义"。

[2]《人质》为法国诗人兼剧作家保尔·克洛岱尔所著《库封丹三部曲》(*La Trilogie des Coûfontaine*)中的最后一部。

针对思想的功能,我学到的和在学校里所学的一样多。

皮浪的某位弟子以品达(Pindar)[1]体颂歌那种夸张的抒情语调赞美他:"受神祝福的你,你为我们避开相信之歧途,为我们开启了幸福的道路。"这些论点有助于我去臆测,在皮浪这位思想家心中,各类思想会如何排序。人们假装相信,而且经常想让我去相信,言论中存在一种专属的力量,因此我们能说服他人,而不必被另外一些人说服得哑口无言。但能如此衡量论点的思考机制根本不存在。怀疑一切的理由,皮浪已整理得井然有序,若愿意的话,可以说都很强烈,也可以说无可匹敌;然而这些理由对我起不了作用,因为我一点也不愿意从那方面去想。反观他,他很满意这些证据,因为这是他找来的;他选择隐身在触摸不到的影子里,与周遭所有事物一起,借此避开命运的打击。因此他一点也不专横,在我看来,他和别人一样理性,因为我所提出的一些方法规则,以及我当成陷阱或罗网,为了随便捕捉一点东西所设下的观念,恰好都被他否决或拆解,一如他人,用这种方式让游戏规则更为清楚。只是,他根本不想玩游戏,也没有什么

---

[1] 品达(Pindar,前518?—前438),古希腊抒情诗人。其诗风格庄重,辞藻华丽,形式完美,被认为是"崇高颂歌"的典范。

可以强迫他。而这足以说明我们对自己的思想为何负有警察监督的责任。毕竟，我们永远必须选择，例如在和平与战争之间做出选择；而选择战争的人，他的想法非常站得住脚，于是那些想在市集上搜集想法的傻瓜茫然惊愕。但那些自己有想法的人也很清楚：若没有勇气、不做选择，他们这些想法将化为尘埃。

                            1922年6月11日

17

> 考验这种东西不是用来吃的,而是用来仔细观看的,我甚至要强调,应该隔一段距离远远观看。

吞下一项考验的人

吞下一项考验的人像个疯子一样东跑西跑。这也不难了解:考验这种东西不是用来吃的,而是用来仔细观看的,我甚至要强调,应该隔一段距离远远观看。而且,当有一项考验落到你的头上时,我赞成先跳到一旁闪开。这整个世界已是沉重的考验,必须谨慎探索,所以应该保持看得见即可的安全距离;只是神秘主义者们已把它吞进肚里。多多纳(Dodone)[1]一直在发表神谕,就连一只猫也有太多含义。我了解埃及人崇拜猫、牛和鳄鱼、大河、泉源和岩石。更有甚者,

---

[1] 位于希腊西北部伊庇鲁斯的一处祭坛,专事发表宙斯及众神之母的神谕。

是崇拜一切，难以理解也无从辩驳。只要你赋予他一点什么，那个存在就占据你。事实扼杀思想。这就是为什么目睹面对考验的笛卡儿操弄掌控、犹如思想界的拿破仑时，真是大快人心。一开始试图说不，而那其实是在对思考中的自己说好。只是这位绅士书读得不够，也读得不好。人们发明了一个叫笛卡儿的老学究，然后避开他。从真正的笛卡儿身上，我们本可习得的是轻巧的双手及防患于未然的自制，也就是击剑选手那贴切的用语：身体的节制。由于他的神永远是思考中的神，而非想出来的神，所以这一点特别显而易见；但请勿就此吞下这些考验：那只是一幅景观、隐喻、人的模式。他的宇宙运作机制亦是一种模式，却是物体的模式，没有预兆也没有预设立场，纯粹事物性质的事物，可以毫无顾虑地改变。做好这些预防措施，加上世界已被心灵净化，而心灵亦被世界净化，这位不轻信的怀疑论者并不太排拒习惯，并经常决定根本不去检视，比方说，宗教或政治的领域；但那是因为他乐见这样的情况。书写地球的运动时，他说，有些人"对我的行动之掌控权不下于我的理性对我的思想之影响力"，若让他们不高兴，他会十分气愤。而这即是自由人的宪章（charte de l'Homme Libre）。

蒙田也是人，但他相信以及不相信的方式更是神秘。他的把戏类似那些假装比试的斗士，因为他们仔细评估招数，一点也不莽撞盲试；或像那些永远跳动着的拳击手，或像那些掌控大局的将军，总不断逃避又重返，促使胜算在握，几乎不需战斗即可确保胜利。就像这样，蒙田在各种挑战之间钻营，并威风地隐退。他迁就许多事，甚至所有的一切也说不定；但他强大的神智始终不受影响。我觉得他很笃定自己完全没出错，毕竟他并未受到强迫。他有最柔软的性灵，却也是最坚定、最自由的。而从我们这位同胞的脸上，我看见一名杨森主义[1]者（Janséniste）常与人争执且非常拿手，他什么都懂、什么都不信，除了完全的不确定。有一天，我对他说了这件事，他大为震惊，从那时起，还更冷淡封闭了些，此外也变得较为慈爱、单纯、勇敢。我相信，从那因年岁渐长而清澈的眼神中，我读懂了他想表达的："在这个世界上，除了意愿，有什么值得费心去相信？对这些笨拙的人来说，还有什么更不可信、更不牢靠的事？到目前为止，只要我不信，它就什么也不是。"那个人叫作比埃尔·培尔（Pierre Bayle）[2]，这个名字如一座雄伟殿堂，在此是我的冠冕。

1923 年 5 月 28 日

---

[1] 罗马天主教在十七世纪的运动，由荷兰人康内留斯·奥图·杨森（Cornelius Otto Jansen, 1585—1638）创立，强调原罪、人类的全然败坏、恩典的必要和预定论。
[2] 培尔，法国哲学家、历史评论家，十七世纪下半叶最具影响力的怀疑论者。

18

> 思想不顾其他，只遵从自己，即使遭遇阻碍，即使约定俗成，仍必须从中选择并且重新再造，而非忍受固有做法。

几乎所有人都喜欢帕斯卡

几乎所有人都喜欢帕斯卡，就连那些拒绝教会的人也不例外。不仅因为他那充满惊喜、洗练、夺目的文采，也因为他本身展现出的自由不羁的精神。毕竟，美好且组成完善的外表，能留下什么？庄严壮丽又留下了什么？让行动者脱离困境，而非取笑他。争论被评价，正义被评价，国王被评价，事前没有任何防范；那些做出评价的人也被评价，因为投射出去的事物会反弹。"并不需要，因为您是公爵，而我尊敬您；但我必须向您行礼。"恶意的行礼，但还是得进行，而经过治疗的愚者仍然愚笨。一切皆被拆解、重组，看似相像。公爵终于知道他为何趾高气昂。

这即是杨森主义者的模式，无疑地带有轻视意味，只尊敬他想尊敬的，只保存他想保存的。危险的情谊，不安分的公民。但最自由的思想会紧紧狠咬，因为放弃坚持向目标妥协，绝不在考量之内。如果目标能与思想家抗衡，那就是目标太过强烈；如果观念能与思想家抗衡，那就是观念太过强烈。因此，为保全思想家的名誉，有了这项前卫的研究，带来爆炸性的发展，然后又出现另一项。无论投入多少，皆必须着手了解这个艰难的题材；这游戏并非一场游戏，思想永远是残存下来的才算数。帕斯卡持续地、根本地主张对立，正统教派的异端分子。

如果信仰的理由呈现出比人本身更强势的倾向，那么做法可能会比较粗糙；必须将验证化整为零。思想不顾其他，只遵从自己，即使遭遇阻碍，即使约定俗成，仍必须从中选择并且重新再造，而非忍受固有做法。"完美的屈服"（soumission parfaite），但拥有可畏的自由。这即是帕斯卡布教传道的内容。

怀疑无处不在，主动且强烈的怀疑；因为怀疑，一切皆成立。因此有了攻击甚至冒犯等这些可怕思想的力量，甚至，这些想法一被提出就等于被搁置。每一种想法必将超越本身的限制，一个想法后面总藏有其他想法，并且因为早已熟稔在心，所以随即揭露出来；因此，这些想法的未来皆暴力凶猛。无论哪一位思想家，即便只是学徒，皆能从中得到一股力量，并立即测试，因为通过其考验者即可摧毁它。

所以那像是什么？念珠？妇人们的信仰？但这些关乎的是肉体，宗教给她们的是无关紧要的礼仪。然而，对精神而言，养分是什么？是精神本身。完全不需认同。完全不求回报。完全宽大为怀。我们不能紧勾着上天不放。正因如此，在神恩之前要贬低成就与功勋；正因如此，宿命让人谦卑、担忧、自相矛盾，借以拔除安逸自信。这些迷思形成一项难以承受的事物，但请把它们视为征兆，它们颇能代表思想家冒险的处境；因为只要他感到安心，必然立刻受到惩罚。自负是精神的地狱。成就从来无法拯救精神，一如已写好几千行文字也不保证接下来那一行可以写得好；因为自由者的严苛条件正是他完全没有条件限制。深思熟虑的人赚不到明天的面包，甚至得不到当天的温饱。谁能许诺自己一种思想？所以聚精会神即是美妙的祈祷。于是，只要创造发明成为人类最伟大的事业，帕斯卡便会适时地在人类的耳畔出声叮咛。

1923年7月15日

19

> 盲目狂热的相信是人类的万恶渊薮,因为人们从来不去衡量相信这件事,直接投入,封闭其中,直到极度疯狂,甚至教大众可以去盲目相信。

人们谈论教导、深思、培育

人们谈论教导、深思、培育,宣称这能改变一切,然后发现什么也没改变。事实上,有一种持续的压力被极其有技巧地指挥着,专事对抗精神。无论科学、语言或历史课程,总有一种教学方式顽固地与精神唱反调。过去的学习只不过是奴隶制度披上技术知识的外衣,处处死灰复燃。简而言之,精神尚未有所反应,但那是因为它尚未苏醒。我们膜拜一座巨大的石堆,而真正虔诚的信徒每天带来一块新石头。这即是笛卡儿之墓。

应该要拿出胆量,可惜我们什么都不敢。只是人们知道吗?自由评论这则教条已被深深埋葬,除了信徒的言论,我什么也看不见。他们确实怀有这份顾虑，只愿相信真实的事。但只要是人们所相信的事都不会是真的。思想稍微清醒，探索了一会儿，然后落实；突然它成了事物，并被当成事物对待。请想象一名正在寻找解答的小学生，无论他要的答案是一个数字，或是一种几何结构，或是一首拉丁诗或英文诗的翻译。他寻找着，而寻找是辛苦的，宛如一种小小的折磨。如果他用眼角余光偷看前面同学并找到答案，他扑上前去，他得救了，总之，他这么认为。如果他在自己的考卷上找到，或在自己心里想到，也扑上前去，他可称之为自己的思想。他赢了，这是不争的事实。我把他比喻为一个掘地的人，那人完全不懂得保护自己，也不晓得该往后跳；让土块埋掉他的工具，也许埋掉他的手，甚至他整个人。考验就像陷阱；一个受教育的人即是被关进笼子里的人，每多一样知识便增加一条栏杆。交叉相乘的运算法则囚禁了小大人，制度则囚禁了真正的大人。在巴士底监狱里也一样，有些牢房一应俱全，也有简陋的囚室用来监禁卑微的平民。

所以这意味着什么？必须清楚说出来。这关乎的是苏格拉底的精神、蒙田的精神、笛卡儿的精神。那是某种相信的方式，而且甚至是信以为真，让精神得到完全的自由并焕然一新。笛卡儿好几次令人赞叹地衡量他自己的物理理论，并发现其中有些假设，以他自己的话来说，保证错误，而其他的假设，则保证值得存疑。就是这种得到保证的方式拯救了精神。根据理性精神、顺序以及观念的推演连接来看，一则完美的数学命题真确无误；但是，就事物的角度来看，那只是一种合理的思想准备。化学家发明了原子，然后又将之拆解成更小的原子，像行星一般被某个太阳的重力牵引；美妙的机制，有助于深入思考；美妙的结构；好想法。但如果相信那是一样事物，相信它真的存在，相信那就是目标物，那思想家就再也无用武之地。

我要往哪儿去？目标只有一个，那就是社会中和世界中的人。多少世纪以来，每个人都在知道之前先采取了相信。然而，这种盲目狂热的相信是人类的万恶渊薮，因为人们从来不去衡量相信这件事，直接投入，封闭其中，直到极度疯狂，甚至教大众可以去盲目相信。那乃是宗教，而宗教以其本身之沉重，堕入迷信。仔细观察某个信徒所采取的步骤，就连呐喊，就连一次幸运的推挤，都给了他实证的效果。强大的力量化为精神规则回归；而根据能量定律，它完整回归。这即代表了战争与主权的精神：并非独裁者才握有主权，奴隶亦能拥有主权。有些事情已得到证明且已被认可，人们不再去思考，于是成为思想。然而，看清楚，我认为内容一点也不重要，倒是相信的方式使一切变质。一如理性的独裁者不会长久保持理性。因此人们必须依据立场去评断、思考、怀疑。服从确实必要，只要我们拒绝相信，精神警戒防范，没有什么比它更简单、更有益于大局。而在这些专注且自由、擅长真知灼见的目光下，你可能会发现独裁者如何迅速转变成一个小小的好国王。

1929年12月14日

20

> 在妥协的状态下,灵魂隐藏自我;更甚者,无视自我,任其沉睡。

同意他人即无视自我

同意他人即无视自我。苏格拉底到处引起争端,没有人比他更有耐心地寻找同类,没有人比他更能辨认出同类。在妥协的状态下,灵魂隐藏自我;更甚者,无视自我,任其沉睡。躯体负责组成,用的是一种专注的模仿方式,那便是礼貌。将我们聚集在一起的从来不是思想。这就是为什么各党各派从来不知道他们要什么,教派也从来不知道自身信仰什么;一切徒流于文字。于是有这么一句名言:"异端分子的存在是件好事。"[1]

---

[1] 法国历史学家马克·布洛克(Marc Bloch,1886—1944)所言,出自其著作《奇怪的战败》(*L'étrange défaite*)。

总之，一旦取得共识，他们就再也不知道自己同意的是什么。

人的法则亦然。假如他信，就再也不知道自己信什么。鬼魂和显灵都属于这种人们所信之事，即使从来没有亲眼见过。我相信，就表示我逃避；或者我把头埋进土里。没有人做过绝对的梦，梦只存在于醒的对面，醒即怀疑。在这个物质世界中，我寻找自己的道路，没有任何事物是我相信的。否则，顶多是完全熟悉的事物，例如我家的楼梯或我家的门锁，而对这些，我视而不见。反之，我看进眼里的净是我不放心的、我从来不相信的。它们一再被否认，一再被讨论。一条林荫小径，一根廊柱，外表奇特；所有的树木仿佛在同一个平面上，参差不齐；所有圆柱也一样。但我否认它们参差不齐，我否认它们全部与我隔着相同的距离。众所皆知，天文学理论不断否认星星看上去的样貌。食相发生时，月球正好遮住太阳；但我否认月亮跟太阳一样大，也否认它的距离几乎一样遥远；最后，我否认地球静止，尽管表面看上去像是没有移动。我们所有的思想皆与我们自己产生争执。

即便如此，在这些诉说真相的天文学说中，仍藏有一个致命因子，那就是人们相信它们是真的。如果我同意这么说，如在表面与我对表面应有的想法之间，我再也掌握不到矛盾之处，那么，姑且大胆称之为"真相"的真相，也不再真实。

真实的是运动,是过程。相信几何学的人,就是不再去了解它的人。他会说、会做,但他不再思考。因此,我偶尔会说:要了解几何学很难,因为它已被证明;毕竟,能被完美的验证所掌握到的,也是机器而已。他思考的方式就像一台计算机进行计算一样。不过,姑且安心吧!没有任何验证不失误;几何学并未被全面证明,尚有许多必须被证明的。

在这种无尽的内在分裂与对立中,哲人认识了自己,并以同样的方式在同类身上认出自己:并透过他,认出自我本质的对立。他人的思想又是另一种思想,邀我去将它具体想出来,而我能具体想出它的形貌。这就是形成对立的原因;因为思想和思想的碰撞与石头不一样,只在人们认可它们成立的前提下才会碰撞;以至当我不明白为何他人有理时,发生碰撞的会是拳头,而非思想。因此,说服的方法始终是苏格拉底式的:他跟着与他本人一样真诚又天真的他人一起思考。当他反驳对方,其实是在为那人辩护,而且诚心诚意。但这耀眼的光芒令我们惧怕。"找寻团结我们的事物,而非分裂我们的事物。"噢,羊群,强大又愚蠢的牧羊人正是你自己!

1920年9月

21

> 人要透过怀疑才能成就其思想。

一般说法仍把嘲笑头脑的人
称为有头脑的人

一般说法仍把嘲笑头脑的人称为有头脑的人。但谁能完全明了喜感艺术的含义？笑，如另一位所言，是人类的特质。在我看来，的确，各种动物一律严肃得吓人。然而动物一点也不可笑，就我们所知道的，它们完全不思考。人类独享可笑的特权，以及判断彼此可笑的强大能力。因为所有人都是同样的人，那个自以为是的人与嘲笑他人的人都一样。两种人并列才能称为人。自以为是的那一位只能算半个人。这一切要说明的是一件众所皆知却众皆遗忘的事：人要透过怀疑才能成就其思想。因此可见某些思想宛如无法完工的建筑，插上一面小旗子即告结束。往自己思想顶端插小旗子的人真可笑，他仿佛在说："现在，我再也没有什么要学的了。"

头脑的运作当然有某种机械性，愿意的话，也可说是某种动物性或带有某种盲目，如同我们对直觉的看法。我们很容易便返回同一个洞去找骨头，和狗一样。马匹总想走它曾走过的路。我认识一只猎犬，它总往同一丛灌木林去，因为它曾在那里找到一头野兔。动物失望的模样几乎可笑，但猎人会放声取笑。对一个每次返回同一丛灌木林的博士，人们会笑得更大声；这是因为博士应该要有思考能力，而可笑的是以为知道一次便能一劳永逸。在《利露莉》(*Liluli*)[1]这部作品中，波里契奈拉（Polichinelle）[2]对充满热忱、希冀全心全灵付出的年轻人说："别轻信灵魂，那是一头普通的野兽。"若想拯救它，就必须用灵魂冒险。总之，头脑不是一台有力的机器。一旦头脑变成机器，就会变得比野兽还要笨。

怀疑再怀疑，没有其他方法可以掌握当下；时间不等待、不做任何承诺，完全不曾承诺会与我们昨天的思想相似。人们说，必须采取行动并建构打造，而非永远在一旁检视。那

---

[1] 法国作家罗曼·罗兰（Roman Rolland）于1919年出版的剧作，描述两名木偶操控师为了一位金发女神（Liluli，即 l'illusion，空幻）美丽的眼睛互相残杀，暗讽德法两国为阿尔萨斯—洛林地区开战。

[2] 意大利即兴喜剧中的丑角。

种建造是盲目的,一如蚂蚁和蜜蜂。而这类工作永远是工作中的重大环节,需要注意观看,需要守旧而非发明:那是属于机械头脑的部分及角色;而这个部分永远不出差错。我们可以信任头脑保守的人。然而一旦他自认有头脑,他便成为头脑嘲笑的目标。又是一个用头脑到处管闲事的可笑之人。我跟大家一样走路,并不知道拉扯的是哪条肌肉。我不能检视所有的一切,但是,当我想这么做时,必须清楚要付出什么样的代价。而那代价就是不相信我自己。

苏格拉底曾开玩笑说:如果不懂得好好使用,任何财产都不是财产。他依照惯例,不断延伸想法,甚至质问会不会有人愿意用发疯来交换全世界的财产。这样的推理足以引导头脑运转。我们可以用同样的方式提问:聪明是否也算是一项人们不懂好好运用的财产?也算是一种机器,而且更糟。真正的聪明要能调节聪明。那么,除了透过确切的怀疑之外,还能怎么做?所有进步皆是怀疑的产物。我们混淆不确定(incertitude)与怀疑(doute),对此非常不了解。不确定来自不成功的相信,如同我们所看到的——在灌木丛中没找到野兔的猎犬。然而,真正的怀疑已得到一件事的保证:一旦认为某个观念已经成熟,那个观念就是错的。的确,保守精神围堵怀疑,唯恐避之不及。我们在相信的氛围下出生长大,神学精准地传译我们孩提时期的思想。不过，就连不含一颗怀疑种子的神学恐怕也已不存在。某位博士说："异端分子的存在是件好事。"这种说法意味着，不再懂得怀疑的头脑不配称为头脑，圣人的美德亦然，那不就是一种对于美德的英雄式怀疑吗？

1931年10月2日

22

> 即使犯错，智者绝不被欺瞒；而愚者永远自己骗自己，即使他说的是真话——对别人来说是真话，对自己却不是。

众所皆知，斯多葛派是这么教的

众所皆知，斯多葛派是这么教的：美德就是意志。但他们也说，美德就在意志里。而后者比较不是那么容易理解。所以，让我们选一条他们的道路来走走看。宛如受到宗教驱使似的，他们永远面对这个广大的世界并存留其中；在这个世界里永远找不到两片无法分辨的树叶、两颗完全相同的鸡蛋，也没有一模一样的双胞胎。这些净是斯多葛派乐于列举的例子，不过，到了我们这个时代，要找出其他例子没有人会觉得困难；毕竟，一旦提出相似处，知识随即显现出差异处，而我们所拥有的工具无止境地增衍世界的多样性。因此没有任何事物可以乘以二，没有任何事物会在同时间出现两次。这是亚里士多德的观点，是他率先为解决高谈阔论者们的混淆视听，而让真实的这一面问世，并且开花结果。

于是，从此有了一个基础扎实的概念，且至今普遍认同。那么我们就从这个方向出发，先说两件事：第一，我们无法知道所有的一切；第二，我们只有一次机会去真正知道。我要多花点时间讨论第二件事。一种想法不能用上两次。无论它多么杰出耀眼，提出之后必须加以应用，也就是说，将之变形、改变，并以另一种新事物与之类比，套用在一种新事物上。所以，永远默默追寻，绝不高声背诵。你知道医生这种人的样子，是根据某位医生所提供的想法来评估，再加上发现自己其实并不知道医生这种人究竟是什么样子。吝啬鬼、勇敢的人、奸诈的骗子、风骚的女郎，皆同理可证。事物永远提供某种该掌握的新元素，超乎我们的原定计划；我们知道，无论遭遇什么事，懂得较多的不比懂得较少的更能坚定周严的思考并根植想法，并将之作为探究工具。应用即发明，至此，想法才是对的；不及于此，想法是死的；不及于此，都是假的。

因此，与其说想法是对的，不如说人是对的，因为这段了解活动的运作是了解得更深入并再稍微往前推；或者，换句话说，是时时刻刻清醒过来，将想法实践。但这项活动永无止境，因为实现之事在思想中又变成新的想法，意图得到新的成果。我几乎想这么说：两股猛烈的力量相遇碰撞后，应该尝试将这种活动的其他存在纷纷显现；因为想法如誓约一般被牢牢守住，而存在却在此同时将它打破；判断的灵光即在于断裂。然而，打造事实的铁匠在这项磨损工具的作业中，完全处于真实中，或者应该说，他本人即是真的；而且不需去评量他花精力获致的真实对另一方来说难道不是假的。两者对等，以真实性而言对等，因为两者皆判断；以错误性而言亦对等，因为两者皆昏睡。这便是为什么我们那些智者说：即使犯错，智者绝不被欺瞒；而愚者永远自己骗自己，即使他说的是真话——对别人来说是真话，对自己却不是。就像使用相似三角形的综合理工学院教授，他说的是别人觉得对的真话。但发现相似三角形[1]的泰勒斯，他说的是自己的真话。而且，综合理工学院教授也大可以发明出这些三角形，虽然人们已事先妥善准备，并站在他的立场思考。这即是判断，其余的只不过是模仿猴戏。

1923年7月1日

---

[1] 所谓相似三角形，三个对应的内角角度一样（边长未必相等）的两个三角形；或者，对应角相等且对应边成比例的两个三角形，故称之。

23

> 相信与怀疑，试验自己与试验工具，在人心中，两者共同存在。

一只鱼族神学家应能证明……

一只鱼族神学家应能证明宇宙为液态；但是它必须先确定这件事，听讲的鱼群也必须先能证明。每种生物的外形皆是一种知识，其行动则证实形体的作用。相信与生存是同一件事。无论哪个器官都是一种行动规则。草地上的鱼仍会尝试游泳，而或许就在那个时候，它脑中形成这般看法：世界上的一切不一定皆为液态，不是它原先相信的那样；可惜这个看法才刚萌生就和它一起死去。所以，所有生物皆被自己的形体说服。记忆与先见之明，和躯体是同一件事。两者并行，如鸟儿拍动翅膀。整个形体、空心骨、肌肉、羽毛、翅膀最宽阔最尖端之处，这一切表现出一副在空中最完美的体态。因此鸟儿一生至死拍动翅膀,永远牢记飞行的规则并反驳例外。规则性的感受属于动物天性,牢牢固定在躯体上,比躯体本身更可靠。

笛卡儿对此感到怀疑,但人人都有一点笛卡儿的特性。无论哪种工具皆可证明:来自我们形体的这种深信不疑可能欺瞒我们。弓与箭是另一种飞奔和抵达的方式;我们的思想在这件事上蓬勃绽放;因为箭和翅膀一样,表达腾空与坠落的定律。不过,箭不能把整个人一起带走,因此它教导人们的原理没有白费。这类关于工具的思考即为观念;我们大概是由其引导而得以评判鱼类与其他禽兽,最后,评判我们自己。我不讨论为什么,以免把自己弄得像鱼族神学家;重要的是怎么做,而我们大致知道学问是如何建立起来的:必然要先克服躯体形态所导致的那份深信不疑。

克服并非消灭。这种对自我的强烈信任,应该要留下些什么。舞蹈有绝对的说服力,因为在这个项目上,肢体可以自给自足。神庙和仪式行列也一样,因为周围环境与人的形体配合一致。在此,一切适得其所,如鱼得水。透过这些规则,疑虑消除,等同领悟箭的原理。暂时性的。人们再次自己见证自己,并见证当下的认知,亦即感受自我。珍贵的回归与冥思。思考变得如舞蹈般只是一次成功的动作。是一种军事典礼，或单单只是有节奏的行军，在那之中，我们本身既是演员又是观众，多少展现一点当下的确信感；然后人马上被迫依循老规矩，被规定去死，而非改变看法。草地上的鱼呈现了最好的比喻意象。相信与怀疑，试验自己与试验工具，在人心中，两者共同存在。朝圣者笛卡儿与几何学家笛卡儿原是同一人。而这富有深意的例子提醒我们勿崇拜这种身份或那种身份的笛卡儿，反而应该在其中一种身份开始蛮横专制之际，立刻强化另外一种。狂热的人全心投入一种身份，怀疑论者则投入另一种，各为人的一半。

1923年11月18日

24

> 千万不要任由自己迟钝茫然，反而应该要想想另一种类型的科学进步：至今前所未见的进步，能在所有人之间散播一点科学真知的进步。

知识或能力，两者只能择其一

知识或能力，两者只能择其一。无数人在屋顶上架设天线，以为从此能接触科学；其实是反其道而行。捕捉那些看不见也摸不到的电波是一场猎奇，但也只是一场捕猎而已。那是对能力的好奇，而非对知识的好奇。在巴黎听见牛津的夜莺之人，其实既没学到自然生态也没学到物理。更糟的是，调整机器就能如此轻易地让他享受远方举行的音乐会，而欲知该如何组装某个大小的电容器和某段长度的线圈却又极度困难，难易对照之下，他会开始嫌恶学习。即便只想知道一点皮毛，也需要绕一大段远路，教人如何不选择轻松动动手指即可收听的能力？根据一句名言，一旦人之所能超越其所知，他就会选择能力而放弃知识。自从飞机不需理论学者的批准即可升空，技术人员便将理论当成耳边风。这类愚蠢的傲慢正以惊人的速度蔓延发展。

那天有个笨蛋说，有鉴于能量是积分的结果，若非有深度的数学家，最好不要谈论能量问题。积分的符号被比喻成慑人的蛇。有趣的是，若我去找到那么一位符合资格的数学家，而他建议我别想透过积分了解任何事，除了简易算法；而那的确只是一道简易算式。这所有功的总和，我们称之为能量；而若想了解这其中该了解的事，恰与先前那个笨蛋所说的相反，必须放弃简化和解题的心态，学泰勒斯那样长时间凝思，思考最简单的例子，运用笛卡儿的四条规则[1]即可轻松计算出来的总和。例如利用绞盘升高，然后落在木桩上的机动锻锤，而谁能从铁锤的撞击中找出所有作用在操纵杆上的功，也就是经由某段长度所产生的力，即已经具有些许能量的概念。但那个想让我们错失了解机会的笨蛋到底算什么？他是时下流行的那种人。他用技术人员的心态说话。著名的

---

[1] 笛卡儿以他持续关注的唯一学问"数学"为蓝本，构思而成的四条规则理论：一、明证规则；二、分析规则；三、综合规则；四、列举规则。

柏格森（Bergson）[1]当然从未想过盲从流行，他的幸运之处在于，他刚好走在潮流里，而且不知不觉吹捧了技术人员。

千万不要任由自己迟钝茫然，反而应该要想想另一种类型的科学进步：至今前所未见的进步，能在所有人之间散播一点科学真知的进步。且让机器运作吧！它们运作着，并将继续运作下去。但另外一项计划，泰勒斯以几何学和天文学两种研究属性即足以促成。而它应能拯救陷入机械主义的心灵。所以，我等待一位操控配电盘能力很强的电力专家出现。我期待他去根据太阳的行进及地球的形状，推测出太阳在某些地区偶尔能照亮井底。在这类追寻研究中，哲人的心智发号施令，大权在握。为什么呢？因为对于庞然目标，他无法改变任何事；无从操控和改变冬夏至点，因此用最深度的凝思改变自己。于是，透过思考，他终于得知何谓了解、何谓知道。于是，他的层次将提升到怀疑，而这是技术人员自吹自擂也做不到的。怀疑的难度并不低于知道，反而更高。

1924年6月20日

---

[1] 亨利·柏格森（Henri Bergson，1859—1941），法国哲学家，1927年诺贝尔文学奖得主，以优美的文笔和具丰富吸引力的思想著称。他提出的"创化论"之说，强调创造与进化并不互斥。

工作

25

> 假如航行在这股潮流中时,我们既不懂观察,也不知预测,不会管理,那么智慧形同虚有。

领会的哲思是基础

领会的哲思是基础;而且,由于无法确切懂得何谓思考,或说普遍通行的周延思考,我们根本无从进展到认识人类这一步。不过,同样清楚的是,这类探究永恒的哲思全然不属于历史性的哲学,然历史却不容小觑。柏拉图跟我们一样思考,但他没有跟我们一样生活。亦即他依循和我们相同的规则思考,却将想法应用在完全不同的情境上。在那个情境中,蒸汽船、汽车、飞机,甚至不是想望的选项。就某种角度而言,人永远在重新开始,因为他听命于他的人类结构;但从另一种角度来看,人从不从头再来,因为一个状况会导致另一个状况,甚至没有前一个状况便无法想象第二个状况。所以，我们的汽车是轿子的子孙，而飞机的引擎，比照活塞、传动杆和气阀等结构，根本是蒸汽机的直系后代。构造、习俗、风气、宗教，这些更加复杂的机制也一样受其所有的前身影响。比它们早出现的不能原地停滞，反而必须迫切地需求其他发明。目前，诚如过去一直以来，我们处于转变期。假如航行在这股潮流中时，我们既不懂观察，也不知预测，不会管理，那么智慧形同虚有。

这些思想对我的专业来说太过陌生，猛烈地向我袭来，……我对自己说，用不到十年便能好好认识那位不朽思想家的先验哲学[1]。在此之后，忧心思考而非教导的人应该要思考历史。……那么，所谓的历史哲学是什么？

首先，那是一种观念的哲学（philosophie de l'Idée），但应该从黑格尔学说[2]的意义去领会。理念不吸引我们，反而将我们推远；观念永远不足，正因为不足，它将我们抛向另一个观念，由此符合永恒逻辑的需求，无穷无尽。所以我们必须将马克思主义视为一种不断改变的哲学。比方说，资本主义自有对其他事物的需求；它未曾停止改变，且仍不断地改变

---

[1] 康德的思想。
[2] 请参考黑格尔的绝对观念论。

着。共和国不断地改变，权利不断地改变。最后这一项更是众多例子中最明显的：维持权利发展的，正是权利不足的这个观念。感受不到这种由观念所促成的改变，不对其前仆后继，那样的人不能算是一个人。

很好。只是马克思主义又称唯物主义。这是什么意思？意思是说，现实的观念一点也不抽象，是具体的，而且会推动，如植物本身的观念推动植物去发芽开花。因此，现实观念的发展和宇宙生命的所有环境相关。而在了解观念的不足以前，人们早已感觉得出来并实际体验到其不足，如同一个人明白自己在生病以前，早已感到不舒服；而通常他不懂得自己生的是什么样的病。这就表示，带领我们去思考的是居于低等的感受，如饥饿、口渴、愤怒、悲伤；这就表示，历史上，需求唯有张口狠咬，意念的新时刻才能破茧而出。因此战争之后必有和平，和平就在战争里；这件事可以理解，但首先要透过饥荒才学得到。根据另一种逻辑，启示我们的永远是低等的；以这种逻辑定义历史，而那正是唯物的历史观。

1929年6月

26

思考并非一种安宁的处境,也不是内省的状态。

若想试着根据黑格尔的辩证法来思考

若想试着根据黑格尔的辩证法来思考,就不该坚持那些最抽象的游戏,例如要我们从存在和不存在过渡到生成。这是开始,抽象、艰涩、难以吸收。在老巴门尼德(Parménide)[1]作古那么久之后,有人重弹老调向你证明存在是不可变的唯一,在你看来,他似乎不属于这个世界,距离我们的问题太遥远。而有另一位诡辩士,他喜欢透过同一类推理方式来证明存在有好几种,意味着他一直在嫌弃自己并否定自己,不

---

[1] 巴门尼德(Parménide,前515—前445),古希腊哲学家,重要的"前苏格拉底"哲学家。

久后，便吓跑你。于是，现在你能面对自己的所爱、所从事的职业，你的服从、反抗、怠惰、愤慨，共享你的人生之种种现实思想。讲求实际吧！脚踏实地吧！我们已经在逃避；处处可见那些逃避者，他们塞住领略的管道，犹如有人捂住自己的耳朵。尽管如此，他们无法逃避自己的思想。这是什么意思？意思是他们无法摆脱在自己思想中挣扎的反论矛盾。我喜欢她，所以我要杀她。我想教育，而我的拳头已经硬了起来。什么样的暴君可以拯救我被威胁的自由？我们难道不该不惜生命代价去换取安全吗？这些思想冲击折磨着我们，然对抗它们对我们毫无意义。是将我们推向非，非又把我们推回是。这是因为我们想逃避。所有人必须了解，我们始终被古老的"存在"和"不存在"追着跑。谁没说过"两者择其一"，结果说了等于白说？因为就在下一个瞬间，他便被迫两者皆选。这种累人的经验磨出温和的人，而他们其实是暴躁的人。

至于黑格尔的学说，如果你仅以散步者的身份进来逛逛，很快地，你会发现自己的喜怒哀乐，甚至你的情绪是什么模样；说穿了，你这整个人其实是一头难相处的动物。当别人把主人和奴隶之间的对立说给你听时，你立刻辨识出主人的中心思想，以及奴隶的中心思想，亦即两人的中心思想；当然，是一种正在运作的思想，而且摇撼人的世界并推动世界。你阅读，但你无法读到发生在自己身上的这则故事。你察觉到主人如何在自己的主人思想中自认为奴，而奴隶又如何透过奴隶的想法自认为主。或者，以更动人的字眼来描述，你了解到，富人因为富有，已被一切财富隔离；而穷人由于贫穷，反而拥有所有财富；最后，工作者其实从未间断剥夺有闲者的空闲。这岂不正是存在过渡到不存在，不存在又过渡到存在？这持续不断的变革，难道不是所有这些自认永恒之事物的一种不可避免的生成？

如果你建立起这种逻辑上的回顾，特别是被过分轻视的逻辑，那么你会想到应该从一开始就正视，而非逃避。而且，存在与不存在，两者剥除了一切遮掩之后，其实彼此相等；与其对它们嗤之以鼻，你可以，以一个自由人的身份，自愿转战那个非常近似的思想：生成。透过生成，你可以将存在与不存在放在一起思考。而生成这个观念则宣告一趟永无止境的旅行。它率先治好你对思考的恐惧；因为，你不再被思想推着走，反而是你去推动思想。或许不需要按照黑格尔的方式，黑格尔的书并非圣典。我把他的书视为一种方法，训练我们去解决矛盾，并且凭着现成的经验去正视矛盾，如同莱布尼茨[1]所言，矛盾永远宣告某种更美好的事物，只是必须先加以克服和解决。所有时期都有一种集体的疯狂相信：如果坚持矛盾中的一端，另一端就不会找我们的麻烦。总之，思考并非一种安宁的处境，也不是内省的状态。我很气我们那位思想家闭上眼睛。

1932年3月3日

---

[1] 莱布尼茨（Leibniz, 1646—1716），德国哲学家、数学家，有"十七世纪的亚里士多德"之称。

27

> 生命永远首先必须吃饱、繁衍、工作、交易；黑格尔想展现的是，透过这些卑微的任务、这些与土地息息相关的思想，现实的公平将如何发展。

十九世纪出现了两位伟大的建设家

十九世纪出现了两位伟大的建设家：孔德和黑格尔。我们的法国同胞是一名叛逃的综合理工学院人。精打细算的知性领会回归世界和历史，并评价历史，这真是一幅绝妙的景观。若愿意费神研读实证主义所提出的十册厚重巨作，即可从中找到最有价值的宇宙历史观点，对善良的人群而言，还有一项救赎计划。相信我的见解无损这些伟大的想法：我在孔德身上看见法国激进主义（radicalisme）之父。主要的特质有哪些？首先，对教育抱持无边的希望，透过各门学科的系统，不仅能战胜迷信，更能了解迷信，了解低阶环境在世界长久的压力之下，急需维护一项工业和政治秩序，而其中的秩序极度不彰，根本不受尊重。在这些过客领袖的对面，透过百科全书式的文化，将建立起一股灵性的势力，由真正有学问的智者管理，其中包括两大主要组成族群：无产阶级和女性。这股势力只会是舆论，亦即没有任何阻挠，足以发动前所未见的最大规模革命；单凭此理，强权与财富将不再是人们所崇拜的价值。那将是世俗观念，如基本需求，可以轻视之，却不可忽略遗忘。这种革命不完全像哲学家曾宣称的那样发生。尽管如此，说它完全没发生却也是错误的见解。我们的政府中有不少专司判断的部门，全然不如那十册厚重巨作，如果人们能够研读的话。我们的阅读教师们由富人支薪，再耐心等等吧。

黑格尔一生循规蹈矩，从未想过任何形态的革命。他是另一种人——自然主义者（naturaliste）。他认为科学抽象，但这并非不懂科学的无的放矢，而是他将力与量的宇宙抛诸脑后，甘冒所有危险，深入生命的世界。他赞赏生命如何从胚芽发展茁壮，从中意识到正在作用的精神。因此，纵观自然之后，他致力重新描述真正的历史，而这其实就是解放被束缚的灵性。而且，生命永远首先必须吃饱、繁衍、工作、交易；黑格尔想展现的是，透过这些卑微的任务、这些与土地息息相关的思想，现实的公平将如何发展。因此，与孔德同时却透过不同的途径，他探索了孔德命名为社会学的范畴。他试着描述出一种平民的精神，让大家明白宪法从来不是某个智者的思想，反而应该永远是劳动者、市镇首长、法官的思想，而且更是人父、人子、主人和奴隶的思想。这段伟大的历史同样写成了十本厚重巨作，其中包含风俗人心、艺术和宗教，其所依据的原则始终是高等的事物皆从低等的事物中萌生发展而来。在这套庞大的体系里，唯有批判的序文读来艰涩。至于风俗、美术和宗教所构成的历史，成就辉煌且不容置疑。而且我们要注意的是，黑格尔运动试图在物质本身中找到意念，与孔德的方法完全相反。后者则是把灵性从物质中区分出来，以求拯救灵性，并透过这种违拗的态度救赎一切。

后来发生了什么事？拥有法国精神的无产阶级尽其所能地受教学习，思考公平正义，酝酿实践的可能。相较于此，德国精神的无产阶级则在生计及其迫切的利益之中寻找思想，确信灵性必须经历底层才能浴火重生。因此我能断言，社会主义承袭自孔德，而且不仅孔德一人，而是孔德那样的精神；相反地，工联主义则承袭自黑格尔和黑格尔派，他们始终是自然主义者，也就是说，考察并模仿生命性灵的迂回曲折，拯救他们的主要是镰刀和铁锤。我将这些伟大丰沃的观念如此简化，敬请见谅。我只是想引导读者研读那二十册容易取得的书。至于这两套体系之间的对立，一种很清楚地属于小布尔乔亚阶级，而另一种则属工人阶级，这种对立正逐渐为世界历史的发展所解决。最值得赞叹的是，我们的官方哲学家们完全属于库辛派（Cousinien）[1]，他们既不读孔德，也不读黑格尔，甚至不读世界历史。

1932年1月1日

---

[1] 维克托·库辛（Victor Cousin，1792—1867），法国哲学家，自称其哲学体系为折中主义。

28

> 真正的想法不是一条存在的公式,而是存在的内在,是他的生命,后来才成为他的思想。

假设亚里士多德活在康德和拉普拉斯的时代

假设亚里士多德活在康德和拉普拉斯(Laplace)[1]的时代,并重新评价永恒的柏拉图主义,于是有了黑格尔的出现。柏拉图的灵魂为了代表存在,孜孜不倦地考察知识,总是又回来面对自己所提出的形式,且是一种抽象的物理。然而,如果柏拉图思考自己的想法,便会发现,这个真正的柏拉图观念和柏拉图所要向柏拉图表达的并不相同。因为真正的想法不是一条存在的公式,而是存在的内在,是他的生命,后来才成

---

[1] 即皮埃尔-西蒙·拉普拉斯侯爵(Pierre-Simon marquis de Laplace,1749—1827),法国著名天文学家和数学家。

为他的思想。因此，新亚里士多德着手重新解读整个自然界和人类史，其所根据的并非牛顿那种死的科学，而是活的灵性。

亚里士多德首先透过他著名的逻辑推论摆脱柏拉图，试着盘点所有形式。同样的，黑格尔在他的逻辑学中摆脱抽象的科学，将形式系统更往前推进，直到证明如何不可避免地从一种存在逻辑（logique de l'être）过渡到关系逻辑（logique du rapport），也就是说，过渡到一个原子、运动与力量的宇宙，且是完全空洞的宇宙。显然，从中可看出应该将属性依附在实体上，这就等于以现实观念思考。以关系的逻辑思考苏格拉底，等于失去真正的苏格拉底。苏格拉底的美德并非柏拉图对苏格拉底的看法；那是苏格拉底解决矛盾，在自己脑中实现的想法本身，而那些矛盾是不折不扣的试炼。战争中的苏格拉底，面对三十名暴君的苏格拉底，面对亚西比得的苏格拉底，面对审判官们的苏格拉底，面对来解救他的克力同（Criton）[1]的苏格拉底，这些才是让苏格拉底赢得其各种显赫标记的真实辩证，和他的人生一样不可与之切割。透过这个例子，我们可以了解：一个存在的现实观念，即是这个存在于人类世

---

[1] 克力同为雅典富人，是苏格拉底的追随者之一。在苏格拉底因罪而遭判死刑时，克力同和他谈论政治的根源及本质，并鼓励苏格拉底逃狱。

界和物质世界中的一生,独特的冒险,多少有点杰出,是永远不会再发生的故事。苏格拉底这个出色且非常清晰的典范,告诉我们许多他种人生或较封闭的人生,但哲学家致力去估量灵性在这段生命中的运动。因为我们无法把外在关系的虚无当成思考目标。所以,若某事物存在,观念则存在于自然。

当自然只是死气沉沉的天文和支离破碎的物理,要从自然中找出观念,既困难又危险。但在动物的生命中,已显露一抹灵性的影子;无论如何,大自然以轮回的定律主导并重振这些存在。人却并非如此;毕竟人类的历史会留下永远的痕迹,如艺术、宗教、哲学,从这些领域中应能辨认出灵性的足迹。这绝对的历史照亮平民的历史。宪法、法权、风俗,则又是其他的痕迹,且是思想的痕迹。不过,不该将这些现实思想与历史学者的思想混为一谈;同样的道理,关于米洛的维纳斯[1]的思考与批判的思考不同。因此,若想真正地思考,我们终将回归有组织的思想,它们在平民与人们的内在酝酿已久,也就是将历史解读成一种灵性的解脱。然而,这

---

[1] 米洛的维纳斯为著名的维纳斯雕像,完成于公元前130年—前100年之间。最初是在希腊米洛岛发现,因而称为米洛的维纳斯。该雕像目前收藏在巴黎卢浮宫。

样的现实历史确实是一种辩证,透过解决矛盾来往前推进;少了它,灵性便不存在。但这则辩证是一种历史,外在需求和生命的法则在这方面不断构成难题。例如孩子是父亲的难题,父亲也是孩子的难题;主人是奴隶的难题,奴隶也是主人的难题。工作、交易、警察,都是所有人的需求。因此,从这些实际思考中汲取出来的,不是一套公平的推理逻辑,而是一种关于公平的历史,是法律。然而法律并不完美,却存在;法律是一种在解决矛盾中无穷生成的精神。矛盾源于大地、工作、家庭关系、叛逆的激动情绪、困苦的生活,总之,一种对抗低等需求的无尽抗争。因此,由理念来带领世界的确没错,但所谓的理念是展现在雕像中的理念。抽象的理念或批判性的理念,从未实际做过什么,以后也永远不会做什么。像这样的一种理念恰如其分地被称为乌托邦;它没有容身之处,不曾存在。愿大家已能根据这篇摘要判断马克思主义者是否能被称为黑格尔派,唯物主义史观是否距离现代版的亚里士多德主义如此遥远。没有什么比黑格尔更不抽象的了。别相信他人说的,请自己去看看。

1932年2月1日

29

> 人性得到拯救，并非凭借抽象的逻辑，而是得力于脚踏实地的逻辑。

当黑格尔去上课

当黑格尔去上课，一脚趿着拖鞋、另一脚穿上袜子的时候，人们恐怕以为他已经脱离这片土地，他的抽象思辨永远不会触及劳动者。然而，若按照他教导我们的做法，试想人类历史的景观，我们会认为自基督主义以降，唯有他的哲学体系在耕作大地。因为，马克思主义者终究属于黑格尔派，而当他们比嘴里说的更进一步否认他们称之为黑格尔派的理想主义时，反而正因如此，他们其实是在接续黑格尔的理念。黑格尔本身即教导我们去否认纯粹的理念；而他那套太让人流连忘返的名著《逻辑学》，其中的思想虚无缥缈，能力不足，至多使我们偏离了逻辑。

自从老巴门尼德一脚踏进纯逻辑的领域，便被封闭在其中，在贫瘠的存在与不存在之范畴中四处搜寻；照亮了他的弟子芝诺(Zeno)[1]。弟子无法以其粗糙的智力工具去掌握这项运动，于是坚决否定运动。第欧根尼(Diogenes)[2]则起身行走，所有人嘲笑他；他摇摇晃晃，犹如一艘尚未被解开缆绳的小船。在我看来，无论是谁，只要稍微被柏拉图主义散射的强光照亮，应该都能了解：否定运动的芝诺和行走的第欧根尼之间，其对立的落差太大，在此我们缺少工具或阶梯，无法将箭搭到弓上。这类工具或阶梯，人类历史已让我们见识了不少。例如我们看见古人撞上自由落体，却完全不明白是怎么一回事；也看到伽利略仍然透过想落实存在与不存在的观念，辛苦地解开坠落这个谜团。毕竟，的确，事实千变万化，说明一切；但人会思考，亦即落入自己的圈套，就像我们在伽利略的时代所看到的一样：当时那些理论家无法了解地球

---

[1] 即塞浦路斯的芝诺（Zeno of Cyprus, 前340—前265），创立古希腊罗马时代的哲学教派之一——斯多葛学派，主张德性高于一切，以克制、苦行、禁欲为美德。

[2] 即锡诺普的第欧根尼（Diogenes of Sinope, ?—前323），古希腊哲学家，为强调清心寡欲的犬儒学派（l'école cynique）代表。传言第欧根尼住在木桶里，有次亚历山大前去拜访，询问他有什么需要，只见第欧根尼回答说："我希望你不要遮住我的阳光。"可参见作者所著《论幸福》第四十四篇。

会转动。

然而，黑格尔观察人类精神以及自己的这种种漫长辩论，发现这些已克服且被超越的矛盾形成一套真正的逻辑体系，而我们无法在那其中逗留。于是，当他完成综合理工学院所有等级的课程，内容关于是与否、大和小、理由与效果——总之，真实不遮掩的关系，以及由于能力不足，以致那些没有实体之事物显得枯燥又无聊；他便投入一场不屈不挠的动物学研究，希望从中估测到同样的对立和同样的灵魂悲剧。差别在于，这一次，一切出于大自然的本能安排。其研究目的在于看出，若不能以活下去为前提，生物根本不会去思考；最后，灵魂如在茫茫大海中洄泳的尤利西斯，显得思虑不周，但确实在思考。这个部分，在整个体系中属于自然哲学，曾受到严厉的批评，比被淹死的尤利西斯还不如。目光应该放远，因为这场将逻辑运用在自然上的船难只不过是另一个开端。

人性得到拯救，并非凭借抽象的逻辑，而是得力于脚踏实地的逻辑：建造城邦，筑起神庙，创造神明。因为人遵循自然，也就是说，遵循风水、年纪和需求；但也根据灵性精神而得到拯救，诚如他从历史中所了解的那样。比方说，公平是个纯粹的理念，总是不断自我否定；而法权则是一种现实的公平，一种在海中泅泳并尽力自救的公平。在这段灵性垂危的历史中，没有人认不出一道逻辑的破碎回光。透过艺术与宗教的哲学，对这些由泥土、红砖、活生生的人们——或者，用更强烈的措辞来形容——会思考的动物们所构成的巨大结构，我们将有足够的评断。经过现实理念的大丰收，证明已经有了结果：我们的智力工具甚至能够掌握历史，如其过去的原貌，如其现在的样貌。而历史始终向前行，另外有些学者找到的方式奇怪又笨拙，让灵魂——我的意思是活着的灵性之人，用来自救，也就是说，借着吃、睡、恼怒、再躺下，为了重生而死去。于是在历经一段漫长的沉沦和历史之后，我们终于看见这种哲学落地，并开启现在的大地。第欧根尼行走，再也没有人笑他。

1931年1月1日

30

> 灵性应该从生活中诞生并再生,像安泰俄斯那样时时接触土地。

不知道是哪个德国人在战争期间写道

不知道是哪个德国人在战争期间写道:"人渴望幸福并非真相,只有英国人才有此渴望。"这对英国人来说很不公平,他们的伤亡人数和其他国家的一样多,透过这种方式迈向幸福可真不寻常。但这则来自德国人的观察让我明白了我最近重拾再读的几页海涅(Heine)[1]的文字。这位作者警告我们,提防严肃的德国人,他说:"你们这些法国人对他们毫无概念。"在那些篇章中,关于真正的德国革命,他做出引人注目的预言。他宣称,这场革命比起目前可见的情绪化及燃烧愤怒的

---

[1] 海因里希·海涅(Heinrich Heine,1797—1856),犹太裔德国诗人。

那些革命更为恐怖。所有预言中，仅有极少数经得起考验；而他的这一则并非全然如他所想象。但重点想法是什么？从这个想法中能否汲取一点启示？我想是可以的。

德国最伟大的成就是由康德酝酿出的自然哲学；自然哲学警告我们，严防黑格尔所研发的抽象观念；而正如敏锐的海涅清楚所见：那其实别无其他，正是端出斯宾诺莎的泛神论（Panthéisme），并对照套用于现实政治。黑格尔几乎不操弄抽象，所以在他的逻辑学中，一开始便穷尽所有纯理念的把戏。由于这些没有实质的观念本身空洞，这个做法将他抛入辽阔的自然界，他辛勤地泅泳了起来，在所有种类的动物身上寻找被束缚的灵性；而这种先于人类出现的诗歌颇有一种野蛮的伟大。那是动植物的大量繁殖；它们追寻自我，想要解放自我，却只懂得繁衍，以对抗死亡，没有长足的进步，永远轮回重来。这是颇为强烈的意象：一如那么多人不懂如何更上层楼，便将希望寄托在孩子身上。这种生命的恶性循环堪比咬自己尾巴的毒蛇。事实上，人类已脱离此境。人类赢得了人性，这项成就后来在文明、艺术、宗教、哲学等领域开花结果；而那正是灵性的胜利，或者，以更强烈的措辞来说，是灵性的救赎。透过神庙、作品、机构制度和纪念仪式，死亡便只是灵魂的降临。首先我聚集云气，让人们更能感受这神秘中的神秘，并感受它为何能骚动人群。毕竟，站在自己的食粮饲料槽前，人就安心了，即使不高兴也不明原因；他平心静气地待在那儿，因为他忽略或遗忘了灵性那个严格的主宰。

现在，人要如何自救呢？不是凭着改革者们野心勃勃的计划，因为从来没有一条法律被颁布和施行，我说的是真正的律法。不过，在人类社会中，一切反其道而行；由于鳄鱼不断生长鳞甲包覆自己，人则借由非常接近自己生活的方式，借由土地上的劳动来打破这层包覆——财产权和仲裁权则由此诞生；借由小城里的商业，形成了布尔乔亚的权益，那时他们尚未被称为小布尔乔亚。而政体则由这种平民思想产生，范围不超出家庭和赖以维生的职业。在过去和未来，思想的调节机制始终如此，实际的逻辑和真正的辩证亦如此。没有自我认知，甚至除了在工作、交易和风尚等基础以外，没有对自我的认知；因为灵性应该从生活中诞生并再生，像安泰俄斯（Antée）[1]那样时时接触土地。若脱离了赋予它们所有力量与光亮的平民直觉，艺术、宗教，甚至哲学，将会灭绝。土地的寓意教训即在于此，唯有它曾翻动世界，留下一点

---

[1] 根据神话，安泰俄斯是大地女神盖亚和海神波塞冬的儿子，他力大无穷，只要他保持与大地的接触，即能从母亲那里获取无限的力量，且无人可敌。

成就。

现在,请根据这些英雄式的观点,仔细衡量人类的世界:以电力照亮并探知,用机器代劳,像个依赖保姆的孩子,甚至到了让机器为他思考和欲想的地步。而这些机械技艺,以及这种用计量器分配的乐趣,总之所有令人赞叹的惊奇,据说是美式的,但也是德式的,或至少昨天还是;请把它们加入这场机器战争,那是纯粹的荣誉之战,却又是抹杀荣誉之战。您或许发现了:在这步上歧途的迷失文明之中,有一项严重的错误,归咎于对实用的探求以及用固定代价,亦即最小的代价,去制造幸福的抽象智力。基本上,这是一种魔鬼般的轻蔑自负,曾以最聪明的工业设备去制造生产的民族,良知应有所觉醒。这些观点,尽管概略,然而透过它们,对于如今令我们担忧的德国跃进,你们将明白其核心与灵魂。精神也会翻身,与沉睡者一样。

1933 年 8 月

第二部分

一

行动

決心

31

由于一种空泛的两性平等，人性的核心诉求将被削弱，机械的需求恐怕独控大权。

行动驯服思想，但也贬低思想

行动驯服思想，但也贬低思想至工具的级别，这在政治生态中可以找到千百个例子。一个讲究教义的人当上部长或区长，他立刻大言不惭地把人性价值置于第二位；这是必要性使然。而灵性中最劣等的奴性则在最严峻的行动中显现，那就是战争。那个时候，人们冲锋陷阵处决本来想原谅的人；那个时候，人们把心中最尊敬的那个人推入必死绝境。在此，雄性之心迅猛、英勇、冷酷。

女性的心永远不太懂得必要性。在此，主导的是人类天性，只顾虑自己，不是犒赏，就是原谅。母亲孕育孩子；没有任何外在必要性能够改变这个天然的群居体；她们同生共死，永远忠于自己的法则。这即是女性的判断，既可说不健全且近乎盲目，又可说绝不会出错。因为，所有人考量的对象不同。女性弱小且受保护，因而判断之际，她较擅长从人性出发，而非外在因素。她的模式类似教会，同样弱小且受保护，承担最糟的外部需求，但人们始终小看女性。评判女性的价值观多来自封闭的圈子，如爱情法庭[1]和骑士制度所揭示的。任性、顽固、老调重弹、无视证据、明知不可能而为之，这些效应仍源自那种永远只考虑人性的评判，而这种判断当然会根据需求来调节资源，并负责处决从事各行各业的人；这正是巴尔扎克写不厌的题材。

这些原则在孔德的学说中都找得到，只是人们欠缺反省，于是落入幼稚的矛盾。一般公认女性应该服从，而另一种公认看法却说掌管大权的是女人。实情是，一旦外在情势出现一点空隙，她便以人性的需求来掌管一切。但若外在需求出现，在男人的指令之下，她便必须让步，永远只能传达一项男人本身也必须服从的命令。如出一辙似的，政治家在景气繁荣时期服从民意；一旦出现外在危机威胁，他反而要求国

---

[1] 爱情法庭（Cours d'Amour），中世纪的宫廷游戏，依照司法法庭的模式，讨论权利与爱情的问题。

民服膺他首要的那些必要需求。

雄性的权力模棱两可。一个有知识、有智慧的男人一旦掌握权势，会放弃他个人的诸多喜好。由此，从表面看来，人们会说他赢得了未来的可能性。然而事情的真相是，他到时候要人们服从得更多。人愈积极行动，便愈陷入绝对服从的处境，仿佛伐木工人在大树倒错边时必须跳开自救。有时，为了救其他人，他必须用力推开他们。行动总是突如其来。这股行动的旋风现身在任何小事中，未经商讨，表面上看起来有违常理、公正、慈悲和爱，在女性眼中永远是丑闻陋行。而既然这股雄性旋风狂躁横扫，醉心急切性和必要性是正常的现象，那么，其实，有道理的永远是女性，一如国民永远比政治家有理。这正是为什么职业、功能和权力终究贬低了女性。因此，由于一种空泛的两性平等，人性的核心诉求将被削弱，机械的需求恐怕独揽大权。

1923年10月2日

> 32

> 行动要的是一种阳刚的智慧，能尽其所能地安顿事情，绝不蒙住双眼，不非难他人，不研议无可救药的事。

行动要的是一种阳刚的智慧

行动要的是一种阳刚的智慧，能尽其所能地安顿事情，绝不蒙住双眼，不非难他人，不研议无可救药的事。"天杀的我们真的要沾这个麻烦吗？"我们已经在麻烦里了，眼下要做的是从中解脱。废墟已经造成，错误已经犯下，债已经欠了。所以，行动之中需要犬儒精神，这是战争时时刻刻给我们的教训。最伟大的队长不会那么坚持己见，亦不会那么恪守自己的作战计划，他会顺应局势，不受其他任何思想压迫。所以行动一方面净化精神，另一方面却又腐化精神。本来想做的，本来认为更好的，总之，是现实所不允许的，却是最该保留的。然而，行动之人终将永远依照事态来调整自己的思想。政治人物不需两个星期，即变成只要求能力做得到的事。以前，这种政策被冠上投机主义之名，名称听起来没有实情美好。无论怎么称呼，政策永远会受到责难，倒不真的因为政策的所作所为，而是因为它曾有如此作为的意愿。所有行动中皆隐含的这种冷酷无情、不符人性的成分，自然而然地又回来影响思想，而且总是过度影响。正如我们在那些皈依者或叛教者身上所目睹的：由于无法争取公正与和平，他们最后会断言，追求和平和公正是虚荣空想。面对事件，这种灵性的转折让步一方面是可以被谅解的；因为，当我们不曾需要亲自以公共秩序和全体安危的角度回应，没有证据就下决定未免太轻易。但每个人也觉得不该轻易原谅，不能什么都原谅。人们应该根据这两种想法去评判那些可能的战争推手——我的意思是，那些战争爆发时的掌权者。

对突发事件说不，这股不可动摇的舆情，应称之为女性的意见。女性，取的是这个美丽字眼本身完整又强烈的意义。就我个人而言，我从未动念将孕育孩子的性别称为弱势性别。我反而会说，以状态来看，弱者是那个积极主动的性别，着手寻找出路，透过狡猾和迂回的方式通行，因此只得不断服从。反之，从生理机能的角度，我在女性身上看见那种人类无可匹敌的力量，即使历经那么多失败——毕竟谁敢自称完人？——始终一再重现完好如初、顽强坚固、不屈不挠的人性。若没有这种根本上的拒绝，若没有这股集中自我的力量，并促使趋炎附势的心态永远受到轻视，绝对不会有丝毫进步。这种功能具保守性质，然而仔细观看后会发现，保守的是反叛性。这即是女性凝思的主题。有人根据这项观察，想否认这件事；一旦朝这个方向去思考，就会晓得，这项观察反而更加证实此事。古老的骑士精神在这方面表达得非常到位。当骑士向他属意的贵妇询问行动的规则时，他的说法卓越出色，抛下丰富的道理让我们解谜。毕竟，这套女性规则丝毫不是要人依循可能并适应之，反而是要人当充实完整的人，要不然宁可死去。女人特有的天分在此更光芒毕露，胜过用爱喂养希望；最重要的是，它提供了战胜与回归的自信，以此为义务。因此，就其天性本质及其实际的思想而言，女人可说是活水源头，源源不绝地灌注这种无可匹敌的舆情：起初否定事件，最后投入事件，以赞美和指责骚扰冷酷的工具与武器制造者。

1924年9月20日

33

> 几乎所有的恶皆源于人类不主导自己的存在,反而自暴自弃。

我不至于说,所有强烈的冀望都是好的

我不至于说,所有强烈的冀望都是好的。那令人震惊。我们可以提出质疑:有时一场犯罪难道不是一种强烈的冀望?这就是为什么苏格拉底那句"没有人自愿为恶"几乎处处碰壁。也许因为亮光太强,柏拉图将善比喻为太阳,借此表示:只要直视善,眼睛就会被刺痛。然而,亮光所到之处也让我们看见事物不完美的细节。按此道理,我将苏格拉底的强光照向平凡常见的错误并轻易发现:几乎所有的恶皆源于人类不主导自己的存在,反而自暴自弃。

赛车时,完全不需要在弯道上刻意偏离跑道,机械的力量会自行作用。进行高难度攀登时,不需要刻意跌落,理所当然。酒喝完一杯才喝另一杯，理所当然。忘记一件重要的事，理所当然。各种文件和账本杂乱无章地放在一起，最后找不到，理所当然。无论做什么都表现得懒散、疏忽，这显然不是冀望之事；没有人会以这种方式行事，也没有人会负责管理这种工作方式。还有一件事更明显：出错不需要努力，若我们不保持警醒，任何事都可能出错。没有任何司法审判能够自主完成宣判，或如愿以机械代劳。凡机械的、可任其运作的，皆属错误且劣质的。一个句子绝不可能自行造好，一首美妙的诗绝不可能自行写出。有人会想说，灵感非自发性的，必须等待；但其实那是一种懒惰的观点。有什么比一首美丽的歌谣更为自然？请试着心不在焉地唱唱看。

罪行，几乎从来不是刻意犯下的。对于那些被称为容易激动的人来说，很清楚地表现出人是被情绪带着走的。所有激动的情感，一如字义所指出的[1]，来自人们所承受的，而非自己所能管控的。至于贪婪之罪，几乎是某种烦恼和怠惰所造成的结果。或许没人能列举出哪个人的规律人生突然转变成偷窃度日后，其随之而来的各种暴力。反之，从过往的经历中，至少在不为人知的轻忽与怠惰中，我们可以轻易发现

---

[1] 原文 passion 的原意是受难。

某些优柔寡断和苦恼的时刻。随之而来的需求握住主导权，机械所带来的暴力终结了这场冒险。

而体制上的犯罪，比较类似刻意的犯行。我们知道各个时代皆有狂人，想必他们觉得自己值得尊敬。这些罪行是某种理念、宗教、公平正义或自由所引发的结果。在那其中，隐含某种基本的尊敬，甚至偶尔藏有不为人知的仰慕，仰慕那些甘冒生命危险的人，并不奢求任何利益；毕竟，我们对自认为公正或真实的事情所做的那么少、所冒的危险那么微不足道，一点也不值得骄傲。当然，于此我发现些许难得的美德，它们要求尊敬，至少也要求部分意志力。但我们该关注的是思想。这僵化的思想，自我设限，只看事情的一面，完全不包容其他人的想法，所以根本不能算是思想，只是某种人云亦云；说实话的人云亦云，有时甚至是真的，但并非全是真的。狂热的思想中有某种机械式的东西，因为它总走回相同的老路。它不再追寻，不再创造。教条主义宛如一场疯狂的独奏，缺少那颗永远在挖掘的钻石刀头：怀疑。这些狂热思想令人赞叹地管控着他们的恐惧及渴望，却不管制自己。它们不去追求多角度的观点，不去设想敌人的观点，总之，不进行自由的深度思考，无法开启说服的道路，在绕道的同时强迫他人。简而言之，有一种思想的激狂，以及一种对思考的热情,与其他激动的情绪十分相近。于是这些美妙的犯罪仍属机械式的,而且并非自愿。苏格拉底很有远见。

1927年10月8日

34

> 恐惧这种赤裸裸的强烈情感、最教人难受的感觉，恕我直言，其实只是一种肌肉系统的优柔寡断。我们有种被督促着去行动，却做不到的感觉。

笛卡儿说："优柔寡断是最大的恶。"

笛卡儿说："优柔寡断是最大的恶。"他说过好几次，却从不解释理由。关于人性，我从未见过比此更最伟大的启发。所有的激情和徒劳的行为，皆可透过这句话来阐明。人们低估博弈游戏的力量对心灵所造成的影响，它之所以广受欢迎，是因为这些游戏让人有机会行使决定权。那就好像一项对事物本质的挑战，将所有一切放在几乎对等的位置，不断刺激我们去深思熟虑。游戏中，一切严格平等，必须做出选择。这种抽象的冒险宛如对思考的讽刺，那一步还是非跨出不可。游戏立即做出回应，我们不能有那种禁锢思想的悔意，因为其中没有道理可循。我们绝不会说出"早知道"这样的话，因为规则正是我们不能知道。我不讶异博弈游戏是烦恼的唯一解药，因为烦恼这个动作主要是深思一切，同时明明知道深思熟虑并没有用。

我们可以质疑：一个恋爱中的人何以痛苦到夜不成眠。或者，满怀野心却终究失望的人为何痛苦。在思想中，这类痛苦便是一切，尽管我们也可以说，在肉身上，它也是一切。这种驱赶睡眠的骚乱仅可能来自那些徒劳无功的前思后想，未做出任何决定，却一次次地冲入身体，导致身体激动跃起，如草地上的鱼。由此可见，优柔寡断这个行为隐含暴力成分。"就这么说定了，我什么都不管了"，但思考旋即提供各种调适的方法。一个部分一个部分地，效应显现，却从来没有任何进展。实际行动的好处在于，我们先前完全没参与的部分会被遗忘，更确切地说，不再有发生的机会，因为行动已改变所有关系。但是，想法上的行动，什么也不算，一切滞留在原处。所有行动中皆有博弈成分，因为在人的脑子运作到精疲力尽以前，必须结束思考才行。

我经常想：恐惧这种赤裸裸的强烈情感、最教人难受的感觉，恕我直言，其实只是一种肌肉系统的优柔寡断。我们有种被督促着去行动，却做不到的感觉。既然痛苦在此只来自我们无法克服的怀疑，晕眩之感便造就出一张更清晰的恐惧面貌。我们受恐惧折磨的原因，永远是注入太多灵魂。在这类痛苦中，和在烦恼中一样，最糟的感受肯定是评判自己无能解脱。我们把自己想成机器，并轻视自己，所有笛卡儿学说一律集中在这项至高的评判，问题的原因即是解决的药方。这堪称是军人的美德，而我明白笛卡儿想借来应用。至今，蒂雷纳子爵（Vicomte de Turenne）[1]仍在兴风作浪，想治好优柔寡断之病，并且转嫁给敌人。

笛卡儿在思想上的做法如出一辙。他的想法大胆，永远根据自己的意旨行动，永远在做决定。一位几何学家优柔寡断起来未免太可笑，毕竟那将永无止境。一条线究竟有多少个点？在思考两条平行线时，他真的知道自己在想什么吗？但几何学家基于天分，下定决心说，他知道，并发誓绝不更改亦不回头重新思考。在一项理论中，如果观察得仔细，我们将只会看见许多清楚定义并斩钉截铁的错误。在这场赌注

---

[1] 即亨利·德·拉图尔·奥弗涅，蒂雷纳子爵（Henri de La Tour d'Auvergne, Vicomte de Turenne，1611—1675），法国六大元帅之一。在三十年战争中大败神圣罗马帝国，结束战争。之后，由于国内政治因素，蒂雷纳逃亡荷兰，并和向来与法国对立的西班牙合作，带领西班牙军队进攻法国，最后为法军击溃。1651年，他再次回到法国，获路易十四的支持，击败西班牙联军，取得一系列领土。1660年受封为陆军大元帅。

中，哲人的全部力量来自永远不相信他能保证或肯定什么，他只是做出决定而已。这其中藏着从来什么也不相信却能常保安心的秘密。他果断决定，这才是个漂亮的字眼，并将两种意义合而为一。

1924年8月10日

35

许多人抱怨没有这个或那个，但原因永远是他们根本并未真正渴望。

伏尔泰说："命运支配我们……"

伏尔泰说："命运支配我们并嘲弄我们。"这个曾那么忠于自我的男人说出了这句话，令我惊讶不已。外来命运透过猛烈的手段而有所作用，很清楚地，即使是笛卡儿也有可能被石头或炮弹砸死。这些力量足以将我们所有人瞬间从地球消灭。如此突如其来的事件可以轻易地杀掉一个人，却无法改变这个人。我钦佩那些贯彻到底的个体，将所有时刻转化成机会；像一只狗，将它吃进去的鸡肉转化成体内的肉和脂肪。就像这样，个体慢慢消化这场事件。这样坚决地展现意愿，是强大的自然天性之特质，最后，在各种事物中可能出现的任何变化里，永远找得到出路，强人的特质是将每一件事盖上他的印记。但这种强势其实比想象中来得普遍。对人来说，一切都是衣装：随着人体形状和姿势显现褶痕。一张矮桌、一张书桌、一个房间、一栋屋子，根据手法不同，迅速地从整齐变成凌乱。无论大小，事情继续发展，而我们根据一种外在评价来说它们是好是坏；但导致这些事变好或变坏的人，永远根据其体形来挖洞，像老鼠一样。请看清楚，他做了他想做的事。

"年轻时的渴望，在老年时丰盛满溢。"歌德在其回忆录首页写下这句格言。而在那些能用自己的配方掌控所有事件的天才之中，歌德正是出色的范例。的确，并非所有人都是歌德；但所有人都是他自己。足迹不够漂亮，没错，但仍处处留痕。他想要的事物不见得鲜明耀眼，但凡他想要的，他都有。这个人，他完全不是歌德，也一点也不想成为歌德。斯宾诺莎比任何人更能掌握这些有着鳄鱼特质、所向披靡的人；他说，人不需要拥有马匹的完美。同样的，没有人用得上歌德的完美。但是，商人无论在何处，即使在废墟里，仍进行着买卖；贴现人放款，诗人吟唱，懒人睡觉。许多人抱怨没有这个或那个，但原因永远是他们根本并未真正渴望。这位上校要去种包心菜，但他本来可能很想当将军；不过，若是我能研究他的人生，也许我会发现有些事情他本来该做但完全没做，且他根本不想做。那么我就能证明他其实并不想当将军。

我看到有些人不乏手段方法，却只能取得微薄不起眼的地位。可是他们究竟要什么？要能够坦白直言？他们有此权利。绝不阿谀奉承？他们一点也没有阿谀奉承，也绝不会这么做。想要透过评价、建议、有所不为来取得权力？他们大可这么做。他们没有半毛钱？但他们不是一直对金钱不屑一顾吗？钱只会流向看重钱的人。哪有一心赚钱却一毛也赚不到的人？找一个来给我看看。我说的是，一心想做到的人。希望跟决意想要，两者不同。诗人希望有十万法郎，他不知道谁会给他，也不知道怎么得到。他连一小步也没朝这十万法郎移动，所以根本得不到。但若他决心写出美妙的诗句，那么他就会如实做到。由于他天生的特质，诗句美妙；正如鳄鱼之鳞甲，鸟儿之羽毛。这种终将找到出路的内在潜能，我们也可称之为命运；不过，这装备齐全且组织得很好的人生，与偶然砸中皮洛士（Pyrrhus）[1]的那块砖瓦，两者之间的

---

[1] 皮洛士（Pyrrhus，前319—前272），伊庇鲁斯联盟（Epirus）的统领，希腊化时代著名的将军和政治家。攻打阿尔戈斯城（Argos）时，他身陷一场巷战中，被一名老妇人以砖瓦砸晕，并意外为阿尔戈斯士兵所杀。

共通点也唯有命运这个称呼而已。有位智者这么告诉我，他说：加尔文（Calvin）[1]的命定论（prédestination）与自由本身其实颇为相似。

1923年10月7日

---

[1] 约翰·加尔文（Jean Calvin，1509—1564），法国神学家。他认为人是否得救取决于神的拣选，在这件事上，人的选择是毫无自主权的。

良知

36

> 当你珍惜欲望的潜能,珍惜导致你失败、管控不住内心自我的反叛行动,你绝对不会迷失方向。

卢梭说:"良知必能教导我们……"

卢梭说:"良知必能教导我们,其管道是羞耻感以及对羞耻感的记忆。"关于这一点,专业之人如品格教师和公正理论学者则认为,良知需要公开透明;比方说,支付某种价钱或薪水算公正或不公正,这并不容易知道。但这是以警察的观点来看待事情。卢梭属于野性之人,他以原貌来看待美德,完全不看外在效果。你可以为命令折腰且丝毫不会被视为懦夫;但若在折腰时,恐惧致使你的背脊有点过度发凉,这种感觉便只有你个人知道。只有你尝得到这般滋味,并调整自己的奴性程度,没有任何犯错的机会。只有你知道,你想做什么、想怎么做,以及恐惧有多么干扰你,致使你动弹不得,或者影响你绕道回避。再怎么盛大的赞美也丝毫无法抹除恐惧的痕迹，你的感受是如此清楚。

愤怒，是另一种凌乱无序，而且带有兽性，有时会被刻意隐藏。别人看你冷静有礼，但若是你无法平息这股压抑的狂躁，若为此少了一个小时的睡眠，若在面对自己的情绪时宛如面临叛乱的国王，那么你会清楚感受到这股情绪。即使只是回忆，这种状态仍令人羞于细想。我们可以持有自己的立场，甚至必须这么做。但是说到底，当你原谅自己，做出明智之举，你始终未能抹灭各种程度不一的羞耻感，隐隐的羞耻，却尖锐辛辣，狠咬不放。关于这个部分，请读《忏悔录》；没有任何一本书如《忏悔录》这般有这么多人读过，这便足以证明，人人在这本书中看见自己。

感官的骚乱是一种十分可怕的暴动，我们几乎束手无策。然而，当骚动完全不违背我们所想要的，状况还说得过去；毕竟人们必须接受兽性的成分。只是，一旦偏离原已决心要做的事，你会觉得自己像奴隶；羞耻感难以消退，谨慎和防范之心随之而来。而倘若你内心不正，亦即夺取、保卫、囤积之怒使你偏离原本决定好的初衷，同样的效应将再次发作。舍不得积欠的那笔钱，即使债还了，自身的样貌依旧丑陋。若由于兴起了这种贪念而无法付钱还债；或因为克服不了这份拥有眷恋，或者说得明白些，克服不了占有欲，进而无法干脆地履行合约；从此以后，羞耻感便会标记着这种行动或行为。而这种不公正与其他人的实际权益毫无关系，仅是一种吝啬暴走的结果，违背了你对于原先承诺自己之事的看法。在那份看法上，你大可飘忽不定，那是警察该管的事；但是当你珍惜欲望的潜能，珍惜导致你失败、管控不住内心自我的反叛行动，你绝对不会迷失方向。一切发生在我和我之间。其他人一无所知，而我，没有任何事物能逃过我的法眼。

1922年3月22日

37

> 找不到其他抵御方式而拼命躲在盾牌后面的那个人，相较于闭着眼睛奔逃、仿佛陷入无底深渊的人，我看不出前者何以比较勇敢。

有人吹捧苏格拉底英勇

有人吹捧苏格拉底英勇，说在某次事件中，雅典人战败，他独自光荣撤退，其他人则像兔子一样落荒而逃。听到这样的赞美，苏格拉底大笑起来，说："你以为我勇敢，事实上，那一天我比其他所有逃跑的人更没有勇气。因为依我评估，必须是十分自负且轻看危险的人，才有可能在被敌人包围时扔下武器，转身背对敌人并成为箭靶；而我呢，面对追兵，睁大眼睛，眉头深锁，尽力挥剑搏击，当时的我近乎处于被恐惧逼迫的状态。找不到其他抵御方式而拼命躲在盾牌后面的那个人，相较于闭着眼睛奔逃、仿佛陷入无底深渊的人，我看不出前者何以比较勇敢。我只知道这两人之中，其中一个比另一个聪明。"

听到这番关于勇气的奇怪论述，在场的年轻人们无不呆若木鸡。他们觉得脑中熟悉的观念仿佛烟消云散。借由这种诡谲的说法，苏格拉底几乎每每造成这般效果，所以他有个绰号叫"电鳗"。

却见一名严肃的人起身，对苏格拉底挥舞拳头，大嚷起来："你有什么权力一把火烧掉你行动的美好成果？为什么要贬低你的美德，说成最可耻的短处？请你直率单纯些，让那些赞美你的人说话；因为城邦不仅需要正确的行动，激励人心的言论也很有帮助。为什么要玩文字游戏？为什么总要像个反穿长袍的醉鬼，尽说反话？你没看见吗？你为那些打算带着妻小前去山洞深处躲起来的懦夫准备了多少借口？而其他人却在城墙上奋战呢！苏格拉底，那一天，你逃走了还比较好，那么你今天就不会在这里大言不惭。你的勇气为我们带来好处，只是你那讽刺的谦虚却为我们带来更多坏处。你凡事表现得像好公民，但你的思想缺乏敬意，说话不尊重人。你的聪明玷污了你所有的美德；你服从神明，却不相信神明；你有勇气却不赞赏勇气。你可以冷冷地为国捐躯，但其实你更愿意为捍卫自己的悖论而死。你把你不热爱的热忱丢给我们，宛如施舍一根骨头给小狗。你的美德不在乎品格。小心神明公正合理的怒气。"苏格拉底陷入无底的沉思。而在监狱里，奴仆已开始研磨毒芹。

1908年3月1日

38

> 在政治上，出生就有统治权的傻瓜没什么可怕；但上千个为争夺王权而大打出手的半吊子则不然。

人们再也不阅读《致外省人书》

人们再也不读《致外省人书》(*les Provinciales*)，但必然会读《沉思录》(*les Pensées*)。在此我泛指的不是教授和学生，他们势必得读；我指的是读者——未被驯服的动物，品行尚不为人熟知的一群人。书店间接见证此事：你可以随处找到帕斯卡某个版本的《沉思录》，符合近期出版品的格式，摆脱了学校教导我们的那些重点。但谁会喜欢这般突兀的哲学？某个唯恐下地狱的天主教徒？我根本不相信这种事。或者与我们相同的那种天主教徒，我想称之为自由思想者。是否进行弥撒无所谓。这群孤独个体在我国分布广阔。

确切地说，那是什么？一种无畏的思想。决意轻视一切重要事物。对一切进行最后审判，在那个场合，国王们和出生时一样赤裸裸。耶稣会一点也不为此所苦；可喜的是，本以为被人遗忘的《致外省人书》之争，又慢慢回到台面。不进行弥撒的耶稣会门徒不在少数，而耶稣会的本质即在于有些事情绝不可说，绝不去想则更好。不进行弥撒的耶稣会为有能力的人们祈祷，为省长、院士、将军和部长锦上添花，他们一穿上礼服即献上阿谀之词夸其完美。所以常见他们交换官方式的微笑。啊！身为耶稣会成员多么美妙！听着这些催眠的言论，帕斯卡上场，将那些人全部唤醒。"我愿意向所有握有权势的人脱帽，"他说，"跟你们一样。但我们必须了解为什么要这么做。我很愿意当奴隶，但不想当傻瓜，即使我很天真。想死就要找医生，而如果我不选择有执照的医生，便只能求助于治疗师和巫师，任他们围着我的躯体互斗。正如在政治上，出生就有统治权的傻瓜没什么可怕；但上千个为争夺王权而大打出手的半吊子则不然。从这个角度来看，已建立起的权势是应得的，我向他们致意，但不带尊敬。要我脱帽，可以；要我尊敬，不行。"

耶稣会信徒灰头土脸。你不能把一个服从的人关进牢里。为什么要明白说出这些苦涩的真相？既然必须致意，索性尊敬不是比较简单？礼貌天天制造奇迹，以开放的姿态引入尊敬，并一路推到后脑勺。祈祷是一种礼貌。你变笨了，对；但不可以说出来，首先不可以这么想，整段经历的目标就在于此。这个帕斯卡大逆不道，犯神渎圣，严重地大逆不道，犯神渎圣。看看他的思想如何左右他的后脑勺。不过同样的，千万不能说，因为人们会阅读这位新一代路西法，名副其实的光明使者。让我们熄灭灯光，照章行事。

我遇见过几名这种半耶稣会信徒，他们仍然思考得太多，想为被控诉愚昧的国王辩护。"可怜的人，只是虚荣浮华。你究竟想要他做什么才好？"但是，亲爱的半耶稣会信徒，这话不该明说，因为没有任何人能对只有一半的想法服气。而他，立刻设法熄灭自我，寻找牌戏。这种懦弱的心态或许是人性唯一的缺陷，唯一招来恶果的短处。我喜欢那些想赋予事物真实名称的无产阶级。请注意，他们之中也有耶稣会信徒，特别还有不少半吊子，想把自己封闭在那半套想法中。然而，只思考一件事情的人，他反而做了全盘考量。至于极端狂妄的批判者，没有人能去除我的看法：我坚信，若他们采取服从，他们将所向披靡；相反的，若是反抗，我眼看那打不倒的耶稣会，还有人们该崇拜的、权杖上的那顶帽子，将卷土重来。我们仍在原地打转，而帕斯卡早已远远超前。

1921年8月19日

39

没有公权力不高出任何私人力量的社会组织，没有警察行动不以立即解决抗争的方式来达成目标。

政治问题几乎难以涉入

政治问题几乎难以涉入。强权统治。舆论统治。奥古斯特·孔德领悟到这两大公理，并置于眼前持续关注。世界上没有任何政体会以其他势力来限制统治的势力，没有公权力不高出任何私人力量的社会组织，没有警察行动不以立即解决抗争的方式来达成目标。首先，发出邀请，魄力十足，力排众议；不久之后，发出限令，强权展现良好的秩序，而且无可动摇。暴力已经不远，如在普罗米修斯的神话中，维欧伦斯（Violence）[1]静静地站在钉下铁链的孚斯（Force）[2]身旁。拘

---

[1] 维欧伦斯，希腊神话中的神，即暴力。
[2] 孚斯，希腊神话中的神，即强迫。

禁就此成立；即使被捕的人无辜，也无法改变行动。无辜者高举法权大旗对抗强权，可惜理念与事实毫不接轨。能对抗强权的唯有强权；而一旦某种势力，如被无辜者呐喊感动的一群人，凌驾于公权力之上，秩序便会消失，社会自此分崩离析。只有取得胜利才能重建。戒严状态持续，永远持续，只是非必要时不显现。同样的，警察的拳头只在需要时才会握紧，一切端看反抗程度而定。强权仍应恪守法律。

恪守法律。但我觉得此处模棱两可。透过这种普世通用的政治公式，人们根本不认为应该获胜的是司法、政体，即所谓的合法强权，不是那些；无论是否公平，该获胜的应是能代表法律的一方。任何动乱无不提醒着这苦涩的真相。但在我看来，这颇像交通警察的手势。毕竟，突然停止一方车流，改由另一方通过，这样的决定根本不一定是最明智的。交通警察可能冥顽不灵也可能玩忽职守；于是我们会看见：少数车辆朝同一方向行驶，另一个方向却聚集成车阵。但是，裁判官并不一定是赶时间的乘客，而若他想抵抗，便会见识到何谓强权的力量。

这个例子很好，因为简单易懂，一目了然。我们甚至可以在此看见舆论出现，喇叭齐鸣，唤醒那个交通警察。这时，警察将摇身变成首长，也就是说，刚愎自用地对抗民意之后，他将有所让步——这个全世界最轻松的举动。没有任何权势不曾顶撞舆情。在那些银行丑闻中，我们清楚目睹舆论现形；虽然只不过是一阵轻风吹过，但那是民意。最傲慢的权势也须立即向舆论低头，宛如火焰迎风，此事值得一说再说。让人心生疑虑的是，人们常把一般认为的所有人都该有的意见当成舆论。但是渐渐地，舆论变成封闭、秘密、无声、顽固之事。这是谁的错？教化是必须的；然而马可·奥勒留（Marcus Aurelius）[1]对这件事做了最好的注解："你有能力，就教化他们；如果无法教化他们，请忍受他们。"

这强大的舆论从何而来？毕竟它终究没有任何强迫的力量。能获胜是因为强权出现某种麻痹钝化，使所有成员皆染上优柔寡断的习性。是否因为广大的公民展现出另一种强大势力，而扳驳不倒？未经组织的天真无知不总是被决断的强权征服吗？我不知道。不过，此处关乎的是人，人受羞耻感和荣誉心支配。有野心却对舆论无动于衷的人是怪物，不可能存在；假设真有这么一个人，他也永远无法取得权力。谣言是野心家的粮食。他凝听，厘清所有混淆不明，根据这些

---

[1] 马可·奥勒留（Marcus Aurelius，121—180），罗马帝国皇帝，也是斯多葛派哲学家，有"哲学家皇帝"之称，著有《沉思录》。

外来风声自我膨胀,或自我丧气。当一个政府的决断充满魄力如刚上任时或在战争期间,当一个政府能轻快依法施政,那是因为舆论站在它那一边;而这个状况,如我所言,是一种不证自明的公理。但舆论是盲目的吗?我要回到马可·奥勒留的话:"如果你做得到,就教化他们。"

在德雷福斯(Dreyfus)事件[1]期间,我们见识到一些权势,他们曾经坚定发誓,仍得到军事组织本身支持,却被舆论风向吹得烟消云散;只待几个非常清楚的状况让人民学到这件事。阐明舆论并不总是容易的。若不能好好说明,起而对抗强权也是枉然。只消对舆论有所怀疑,只消舆论令人困惑,强权便又竖起,因为无论既往、现在、未来,它都不变。反之,没有什么比这可怕的强势力量更有韧性;它如同演员或演说家,感觉得到厅内的犹疑与冷淡。他们因而心死。不会拖太久。

1931年1月

---

[1] 阿尔弗雷德·德雷福斯(Alfred Dreyfus,1859—1935),法国犹太裔军官。1894年,因其犹太裔身分而遭误判叛国,多年后才获平反,法国社会不得不正视自身反犹太主义的传统,史称"德雷福斯事件"或"德雷福斯冤案"。

40

> 强者的权益根本不存在，在道德上，我们根本不是被潜在的强大力量强制，而是被逼迫。

所有来到世上的人

所有来到世上的人无不落入比自己强的人手里：父亲、母亲、保姆。因此他同时学会恐惧，并尊重、喜爱强大的力量。这是人心的第一层基础，矛盾也在此酝酿，因为，痛恨自己所恐惧的是天性。这杂陈的滋味不断重现。每个人尽皆效忠一位主人，并乐意称赞他，相当于为服从锦上添花；然而，主人的招数却是利用热爱荣誉的心，透过某种信任关系来抬举赞美他的人。这一点，我们在各种国王出巡的行列中都能观察到：那些国王从来不缺欢呼喝彩。我发现，国王亦有一种矛盾和虚荣，因为他不能过分享受强迫而来的喝彩，无知的他或许更不乐见自发性的喝彩：那之中总有几分威胁隐隐作祟。绝对的权力是一道无解的问题。然而，人们体验它、欢迎它、喜欢它，并认为它必会公平公正。所有权力皆曾经历风向转变、背叛及唾弃，所有权力也都忘了这一切。而顺从者仍有其他事情要顾及；他有工作，有要庆祝的事，有其所爱。整体而言，仇恨既不舒服也无益健康。反叛行动本身也想要一个受人爱戴的领袖，这么一来，旧有规范立即回归，一般正常人皆能清楚预测这样的状况。基于这些原因，已建立起来的政权可以维持长久。尽管如此，政权仍有脆弱之处；有时可说，这件事奴隶比主人清楚。但这些事又不能明说。

卢梭，他是第一位，或许也是唯一一位将权力剖析入骨的人。一旁的伏尔泰和卢梭相较起来，什么也不是，只是一名对现状不满、寻求好国王庇荫的人。这是因为伏尔泰和那严峻时代的其他恐怖小孩一样，并未深入探讨到道德层面；他认为对一个过得去的社会来说，诚实不过是感受上的一致性；总之是文明与否的问题，所以需要一位好国王，达成一种协议。卢梭长期受到忽略，且终生流浪游荡，得以找到时间孤独地进行彻底的思考；而且常面对被无礼强迫的经验。他也领悟到，在道德上，我们只会受到自己的强制压迫。显然，只因为被迫才诚实的人一点也不诚实。但是若愿意花时间思考，我先前所说的混杂已然崩解；自由属于善的这边，而且与所有美德皆密不可分，这时强迫之力等于零。这一切凝聚在《社会契约论》那短短的篇章里，主题即是最强者之权益。他在书中证明，强者的权益根本不存在，在道德上，我们根本不是被潜在的强大力量强制，而是被逼迫。小偷用手枪逼迫我，他可不是在强制我。这一点人人都懂，现在请套用在国王们身上。在刚才已经懂得的人当中，有一大半会立刻发现，思想是一种烦人的负担。只是，该如何阻止绝对不该说的话被说出口？从此以后，我们必须生活在这种暴力的状态中。人权联盟竭力不让自己存在，却做不到。

解决的办法在《社会契约论》里。书中称全体人民为最高权力者，而其他所有的，无论是国王、执政官、上校、法官或代表，皆仅称为行政官员，请将这个称呼理解为人民公仆的意思。根据这样的设定格式，卢梭本人曾说，我们以后的生活不可能不出现小型共和国的联邦；但是，在那之前，先让这个观念支撑我们。民意选票是暂时性的至高统治。在那之后，各方权势以行政官员之名卷土重来，实现施政、征服、殖民以及战争，并以至高统治者之名签订反极权条约，让每个人服从所有人，领袖以所有人之名领导的可疑观念发挥功效。当事态紧急、当检查之单纯意图受到如此严惩，我们如何能知道？战争，或仅仅战争的威胁，足以使人民重新变回奴隶，打的正是自由之名。然而，这些恐怖的领袖终究会被部队审判，夺去政权，一败涂地。没有一个野心家不每天诅咒卢梭三次。

1932年6月

公正

41

不公正的法规就不是法规,也就是说,它并非所有人想要的,也并非人人适用。

没有任何社会希望契约无效

没有任何社会希望契约无效,或根据订约某方的意愿而未生效。若是开立支票,就不能将存款不足的支票视为正常可行之事。不能立法通过犯罪不受惩罚。不能立法认定偷窃是致富的手段之一。为什么?因为偷窃不是真正的工作;因为偷窃的本质就不在规则之内。空头支票在规则之外。因为有意毁信的契约在规则之外。因为犯罪在规则之外。这些利用某种公认惯例并去违反一次的行为,皆是某种特殊意志的效应,甚至可说是孤独且隐晦的意志,无法与所有人成立契约,其意图亦不能公开。柏拉图便曾说过,几个土匪成不了真正的帮派,因为帮派是一种社会,对待每位成员都要公平公正。很显然地，土匪的规矩只可能是人人一有机会便立即背叛盟友。光是这种思想，假设所有人都这么认为，那么帮派也没了，每个土匪各自为政，自行冒险。所以，反过来说，假如有了社会，而且只要有社会存在，每个成员都想要某种人人平等的规则、一种定律；而这种定律是人人都想要的。想要，意味着也许他们做不到，但并不否认这条定律。这些观念皆可在卢梭的书里找到。柏拉图任这个观念随风飘散，与许多其他观念一样；那是他的做法。卢梭则将之具体成形，而社会契约论已动摇整个地球，并且会继续摇撼下去。能创造观念的人少之又少，用指头都数得出来。

这个例子很适合显示思考的困难。因为我刚才提醒的那些重点都顺理成章，但为了搜集并让藏在其中的想法具体成形，需要强大的头脑和空闲的生活。忙于赚钱的人完全没时间思考，将思想化整为零变成课程的人也完全没有时间思考。再说，卢梭也只写在他那本政治著作的引言中。引言中，他朝我们迎面抛来两大问题：集体意志绝不会出错，以及所有法规皆为公正。而这导致所有博士学者咆哮狂叫。因为他们不会把这个观念具体说出来，就像某个反对几何学的人说直线不存在；但是，若不透过观念，如何得知直线不存在？同样的道理，若不透过观念，如何得知某条法规不公正？

不过，我们应该这么叙述比较好：不公正的法规就不是法规，也就是说，它并非所有人想要的，也并非人人适用。

于是，有人要求我引用一条真正堪称法规的法规。引用一种观念和引用一项事实不同。我十分乐见卢梭给出了一套公式，显示一条公然矛盾的法规已完全不是法规："我们两人之间有一份契约，你被强制要为我这样和那样，但我并未被强制要为你怎样。"两人之间的所有契约都该平等对待两人，这正是契约的精神。有人说，如此一来，这个世界上一份契约也不存在。这是有可能的；交易的两件事物是否对等，难以评量；裁判永远很清楚评估的重点及原因，仿佛思想中已有整份契约的模板，并据此评估为何这么一份契约算是契约，或者为何不算。由此，一个社会观念能从我们不成形的尝试中被撷取出来，从此当成模板使用，强权因而惊慌失措。整个社会主义的意识形态即由此而生。因为，假设一份薪资低等微薄，所有人大致清楚，工人很可能愿意接受。但是，若他要在公证人面前签下这么一份契约，那就不一定是一份契约。在此，公正上场，这是一个抽象的角色，并无任何实质存在。强权对公正嗤之以鼻。强权的确办得到很多事，却不能把不公正的事说成公正，而这证明了这是对所有人来说敏感甚至痛苦的一点；强权的诡辩士们不断想证明强权公正、值得尊敬。一个强权法官够专业的话,应该会吊死卢梭。但对于知道某件事或不知道另一件事,我们完全没有选择;为强权辩护,永远等于在反驳强权。

             1932年7月16日

42

> 最不起眼的仆役对主人的了解远多于主人对这个仆役的了解。没有一个猎场看守人不比领主更熟悉通道和小径。

主人和奴隶的关系是整个历史的症结与动力

主人和奴隶的关系是整个历史的症结与动力。黑格尔在这方面精彩深入,以作用在这两种人之间的相吸、相斥运动大作文章;毕竟,只要提及其中一端,便会想到并召唤另一端,但也会尽可能地让他离自己远一点。这如同比较布洛涅森林(bois de Boulogne)和文森森林(bois de Vincennes)[1],或比较香榭丽舍(Champs-Élysées)和美丽城(Belleville)[2]。于是,最出色的辩证出现:因为工作的关系,奴隶变成主人的主人;

---

[1] 布洛涅森林和文森森林分别位于巴黎西边及东南边,被喻为"巴黎的肺叶"。
[2] 香榭丽舍和美丽城分别位于巴黎不同区。

反之，主人成了奴隶的奴隶。历史无止境地让我们目睹到主人的权力被罢黜，奴隶得到胜利加冕；循环永无止境，因为没有任何冠冕能长久戴在任何人头上。士兵评判将军，将军却完全不评断士兵。在主人的思想中，一切如美好幻影；而在奴隶的思想中，一切是赤裸裸的严苛真相。因此，由于戴着胜利冠冕的人脑袋空洞，翻转运动成功，被管控的人摇身成为管控者。最不起眼的仆役对主人的了解远多于主人对这个仆役的了解。这种差异也显现在他们对事物的熟稔度上，毕竟终日无所事事使人笨。没有一个猎场看守人不比领主更熟悉通道和小径。而且，永远必须为他人工作，付出比收获多；由于这项规定，奴役足以养成一份个性。

精英分子的肤浅令人心惊；他们连形成一种严肃的思想也不敢，总在关注这会把他们带往哪里；这如同玩桌游"快乐舞蛋"(Danse des oeufs)[1]，最后连形象风格都被破坏。他们不敢玩。因此，主要动力耗损得比其他动力来源还快。有谁能给我看看，哪种精英思想最终不以防范这个思想本身做结。

---

[1] 快乐舞蛋的玩法如下：每回合掷一颗骰子，最先达成骰子的指示的玩家可以再丢另一颗骰子，接下来拿取一颗鸡蛋放在骰子指定的身体部位，当任何一人的鸡蛋不小心掉落时，游戏就结束了，此时拥有最多鸡蛋的玩家获胜。

相反地,一无所有的人不怕思考;在他的思虑中,没有那种如某个作者所言,赔钱商人的嘴脸。

在这个人们戴着纯白胸衬吃晚餐的城市集中区域,绝不会产生思想。我们之所以称皮耶·宏普(Pierre Hamp)[1]为灾难——而这个用词当然不致过度强烈,是因为他毫无防备地僭越了这条界线。我还看出,由于力道较小所以不致那么明显,同样的不幸如今正发生在其他人身上。富裕生活的不幸,不幸更胜富裕。需要说服他人的人正巧欠缺说服的技巧。他们有如盲人摸象,而消灭政权要靠思想。求知是穷人的事。

因此秩序颠倒了,脑袋空空的被拱到上位;我完全看不出重整的急迫性,只要知道这个现象就够了。我清点出不少会思考又不想要金碗盘的人。在这种完全无法退场的情势中,容我这么说,若真正的精英愿意留下来席地而坐,我便能窥见一丝曙光:透过这种不带任何私欲的判断,可望出现一种较能持久的平衡。毕竟,政府积弱不振也就罢了,自由之人竟毫无所觉,这是一种缺损;而权杖上那顶象征性的帽子绝

---

[1] 皮耶·宏普(Pierre Hamp,1846—1962),法国作家。自学者,精通三种语言。从学徒开始,曾从事多种工作,后来进大学受教。著作丰富,多关注劳工议题,并曾担任《人性报》专栏主笔。

非真的是个那么糟糕的国王。有时候,当民众发现自身不再受到足够的管控时,从他身上可观察到一种十分可笑的担忧。我不认为曾参与战争的人也有这种感觉,我说的是奴隶。只要他们依据这场昂贵的经验来教育年轻人,在帽子一世殿下的统治之下,一切还是能勉强过得去的。

1928年4月1日

43

父亲的公正决定君王的公正,兄弟的公正则决定民主的公正。

谨慎的亚里士多德注意到

谨慎的亚里士多德注意到城邦多建立在友谊的基础上,而非公平正义。因此,他首先观察血缘关系,宁愿研究哪种公平性能适用于每一种友谊,也不想从各种理念之中空降没有区分的公平。因为,他说,认为父子之间毫无公平性可言是荒谬的;同样的,相信他们之间的公平性与两个兄弟或两个商贩之间的一样,也是荒谬的。母亲对儿子的天生情谊又是另一种,所以,也有另一种公平性。或者应该说,无论在谁和谁之间,允许相同的事物、捍卫相同的事物,完全是不合理的。比起迎面而来的路人,我对我的朋友亏欠较多而且方式不同;身为儿子的,对母亲亏欠较多而且方式不同,对父亲又是另一种方式。奴隶与主人的互相亏欠则少得多，而主人对待奴隶，简直可说是对待战俘，因为在此丝毫没有友谊的成分，就算两人之间还残存一些情分。

父亲的公正决定君王的公正，兄弟的公正则决定民主的公正。暴君的公正，若这个说词成立的话，则类似主人对奴隶的公正。但让我们深入一点检视夫妻之间的情谊。这是一种什么样的构造，像哪种政治上的公正性？亚里士多德说，那是贵族政治，也就是说，最完美也最难得的政府：治理者是最优秀的，意思是每个人最优秀的部分，做出最适合每个个体的行动。在人类社会中完全找不到这样的结构，也许，除了在船上。在船上，当然由最优秀的航海员来解决航行的问题，由最好的渔夫来解决捕鱼的问题，一如宣布看到陆地的，必然是视力最好的船员。但是，在人类的配偶中，我们很快就看到他们各自做着什么样的工作，而且性质完全不同，例如一个哺乳，一个钉椿。因此，可以说在这样的社会中，根据行动之所需，每个人都可服务另一个人，每个人都可管理另一个人。所以，他们既平等又不同。平等，就是因为不同。我不传达，倾向模仿，以便继续这场思想运动，并用来对照我们的问题，尽量不过度流失这股朴实的力量。

我们的各城邦幅员辽阔，跟家庭毫不相似；所以让它们聚集起来的情谊比较类似兄弟之情，甚至不及。这就是为什么要根据平等原则来解决公正的问题，而且这么做一点也没错。但是，如此不谨慎地回到夫妻生活这巩固在自然基础上的组合，并想把那种适用于市集和分界墙的低阶公正性，像戴项链似的套用其上，难道不是张冠李戴？当然我们可以用这种外在的公正性来支持夫妻组合，但那就像用一条绳索或一根支柱撑起一棵大树；可以防止树干裂开，但分叉的两根树枝能一起存活所靠的并非支柱和绳索。不，而是一种更完美的组织和交错、纤维和维管束。同时，商贩的公平性十分粗糙，不适用于夫妻的私密公正性；那来自对应和谐的情谊，建立在功能和差异上，而且根据大哲的说法，有贵族特质。而在这种关系中，立法机构的补救办法类似医生的药方，可拿来与食物比较。透过几句话，容我在此提醒：曾经有位亚里士多德，仍值得我们向他学习。药方适用于病人，但我们靠食物生存，而且吃得欢喜。女性的权益当然不容忽视，何况它能调节政治社会的问题；但权益这个观念来自交易，对婚姻社会而言极度陌生；只有以医生的身份才能介入。人人皆知疾病这个观念对健康不好。我们的女权主义者有点太像科诺克（Knock）[1]，他预防性地想让全村的人卧床，每个人的嘴里插上一支体温计。健康会呈现更细腻的反应和更有效的建议。这个例子说明为什么后来会出现一种过度大胆的柏拉图主义，认为是理念创造生命，而非先有生命，然后用理念来帮助维生。柏拉图主义与救赎心灵之间的关联，正是社会主义与救赎社会之间的关联。

1924年4月26日

---

[1]《科诺克或医学的胜利》(*Knock ou le Triomphe de la médecine*) 是于乐·罗曼（Jules Romains）的一出讽刺喜剧，借着主角科诺克而揭发医学、意识形态、商业等方面的各种操控手段。

44

> 理智自然呈现出合理的交易和均衡的欲望，总之，一种理想典范，不是别的，就是正义与公平。

柏拉图的《对话录》中有一篇《高尔吉亚篇》

柏拉图的《对话录》中有一篇《高尔吉亚篇》(*Gorgias*)，人人都能轻松阅读。在这个篇章中，可找到尼采的基本学说以及来自常理的反驳，如同人们现在若有意解冻那些尼采冷冻起来的常理时也会做的一样。古代人的想法和我们类似，而且说得比我们更好。

所以，在《高尔吉亚篇》里，我们看到一个嘲笑公平性并高唱强权万岁论的卡里克利斯(Calliclès)[1]。他说，公正是懦夫的发明，目的在得到安宁；无知之人才会崇拜这种化身公

---

[1]《高尔吉亚篇》中与苏格拉底辩论的虚构人物。

正的恐惧。事实上，公正从来未曾强制我们去做任何事，这就是为什么，人只要有勇气和强权就能拥有权益。

今日的卡里克利斯仍对我们高唱同样的论调，工人依旧无权无势，所以没有任何权益；老板及其党羽享有所有权利，只因为他们的权势毋庸置疑。因此这个社会政体不比另一个好或糟，却永远对强者有利，而那些人为此称其公正；然对弱者来说，则永远艰辛，于是他们称其不公正。卡里克利斯如是说，我只修改几个字。当他结束这场惊人的演说，所有人都像你现在若见到类似的谈话再次流行起来时的反应一样：所有的目光转向苏格拉底，因为大家都猜他对公正有截然不同的想法，而且应该绝不会错，因为在某些段落，已经看见他摇头表示"不对"。他沉默了好一会儿，提出这个看法："你忘了一件事，亲爱的朋友，那就是几何学在神界和人类世界里都具有强大的势力。"对于这个回应，如同对下棋的棋手那样，我想喊一声："太好了！这是一步好棋！"

整个问题的核心都在这句话里。一旦理智被几何学和其他同类型的事物启发，我们就不可能再像以前那样懵懵懂懂地生活和思考。我们对自己的理智不够关心，对肚皮也一样。并非因为肚皮强求邻人的面包，且一定要吃饱睡足，理智便应该满意。甚至，值得注意的是，肚皮吃饱了，理智可一点也不会就此沉睡，反而变得前所未见的清晰，而欲望则有如一群疲累的猎犬，一个个倒头大睡。总算有人致力去明白何谓一个人和一个人群社会，公正或不公正的交易，依此类推；还有何谓智慧及自我内心的平静，以及这一切，在理智管控之下，除了是某种欲望的调整，还可能会是什么？因此，理智自然呈现出合理的交易和均衡的欲望，总之，一种理想典范，不是别的，就是正义与公平。于是，不可避免地，富人的理智和穷人的欲望会朝同一个方向发展。而这或许是人类最大的成就。

有些人提出反驳，认为理智来自经验，与其他特质一样；来自利益，与其特质无异。这些人始终不希望理智作用的方式和肚皮相同。毕竟眼睛不是胳臂，即使两者都是大地的产物。

1909年12月29日

45

> 公正的人绝不在自己身上培养那种占有或夺取的陶醉，因为那会造成不公平。

公正的人会置身事外制造公正

公正的人会置身事外制造公正，因为他本身持有正义感。所有欲望、恐惧和愤怒皆服从管理，公正的人绝不在自己身上培养那种占有或夺取的陶醉，因为那会造成不公平。因此柏拉图描绘出真正的公平，不但能用来建立法律，且丝毫不受法律压迫。晦涩难懂的尼采则试图将权力（puissance）提升到善与恶之上，在我看来，他并未充分明了：最高的权力正好在其本身内部，而且绕了这么一圈后，蔑视外来法规，亦即轻视警察，也终结警察。而这样的运动可在福音书中读到：在反对旧时律法的同时，终结它。

我绝非痴人说梦话，柏拉图也绝不是。我从未遇过不带狂怒的不公正，也没见过心情愉悦的贴现人。拥有和保存令人欣喜；另一方面，取得却很困难，必须有个愤怒的后盾，并打开监狱的门，如人中之神[1]所言。人人都可注意到，优雅的人们也有付得少或赚得太多的时刻，而那看起来并不美。我认识一位功高名重的爵士，技巧高超，能从五法郎的海运损失中要到一百法郎的赔偿金，有时赔他的公文包，有时赔他的自行车；但他这么做的时候无法不撑着狰狞的脸孔，想必这也是操弄手段的一环。那张脸上，笑容可憎，必须这样才有用，一旦他流露出俊美的面容，冷静、不记仇、内心平静和良好的控制，看起来便少了求偿的力道，只会得到应得的权益，或许更少。为了保持优雅的风度，总需要损失一点钱财。这就是为什么，司汤达（Stendhal）[2]笔下的雷纳尔先生一听见和钱有关的事便皱起眉头；他启动最恶劣的一面，打开监狱的门。在这方面，一旦不公正，便立即受到惩罚。这就是内在教义的运作。

---

[1] 人中之神指的是约翰·海因里希·裴斯泰洛齐（Johann Heinrich Pestalozzi，1746—1827），瑞士教育家。他主张透过自然教育使孩童身心得以健全发展。

[2] 马里-亨利·贝尔（Marie-Henri Beyle，1783—1842），笔名司汤达，十九世纪法国作家，著有《红与黑》(Le Rouge et le Noir)，下文所述雷纳尔先生为书中主角之一。

不公正的人则对外制造不公正，并且立刻得到报应。在此出现另一种惩罚。你打人，结果也感到挨打的痛楚。我曾近距离欣赏作战者的天真，他认为投掷炮弹自然合理，被炮弹轰炸却是残酷可怕。但炮弹根本不会判断，只是机械性地被丢出去后爆炸。试想以暴制暴的后果。拳头在欲置人于死的同时，自身也受伤。武器在耗损另一武器时，也耗损着自己。偷盗者人恒盗之，游戏规则使然。学校里，一个鲁莽的男孩会被迅速矫正。一个人永远比结盟的两个人弱。但两个结盟的人不正是两个被一份协议绑住的人吗？经过这样转折一想，所有人必然得让自己的能力听从某种公平性。罗马人通过征服而强大，因为他们懂得服从并守约。战争高手们也是维权高手。这是免不了的。保皇派渴望权势，但也渴望服从；服从优先，忠诚优先。公正是不公正的武器。所以他根本什么也没赢，输掉的原因是他在棒喝之下学习公正，而非透过自由教义做到。这种强迫达成的公正应被称为文明，公正仿佛文明的先行官。而想必应从那里开始，就像约翰·克利斯朵夫（Jean-Christophe）[1]在戒尺调教下成为音乐家。没有那

---

[1] 约翰·克利斯朵夫是法国作家罗曼·罗兰的同名长篇小说的主人公，小说共十卷。

些粗暴的课程,那种盗贼惩罚盗贼的过程,那令人生畏的动物绝不可能花时间深思熟虑。而且少了胜利的荆棘,他不会甘冒一切风险去爱好和平。所有智慧都应向需求献上不止一圈花环。

           1922年5月10日

46

> 每一项品格的背后都有勇气支撑,而非藏在恶习背后的懦弱与懒惰。

让我们想象一个人此时此刻的模样

让我们想象一个人此时此刻的模样:他在巴黎过着享乐的生活,他的财务管理人们定期将地租收入汇给他。这种财产制度一点也不公平,这一点大家都同意,并且将寻求法律改革,好让亲手耕作田地的人成为土地真正的主人。可惜凝思的头脑总想不出解决办法,因为他根本什么也没做。然而游手好闲的那个人不久后也被征收财产。财务管理人积极出面,透过近距离观察事物后的判断,并征收所有人财产。但是劳动者的观察更仔细,更坚定地扩展权益。节省和储蓄对他来说如同他的破外套一样重要。在他这个状态下所该具有的美德他都有:那双耕作的手不懂得消遣,只知道生产,而乐趣与工作接轨，一起拉动向前。于是出现这种对买土地的热衷，于是出现这些由踏实的感受所孕育出来的计划。他一小块一小块地搜集土地，在这片征服得来的土地上，必然会比在他租来的地上更花心血耕作。因此，基于千百种理由，游手好闲者的庞大财产失去价值，而工作的动力也随之消失。必须亲临现场并懂得现场的所有事，但这些事绝非临时兴起即可做到。游手好闲者将把财产卖给农民。公平正义。而土地将生产更多，人人受益；这又是另一种公平正义。然而，农民丝毫没有想到公平正义的问题。

这场鼹鼠革命[1]在战争时期以快速的运动完成，其实在战前二十年便已展开；当时，我已见识过一些惊人的例子。在过去，只要农民受到保护，便能对抗暴力与掠夺，这场革命一直在进行，未来亦将持续进行。在此，撑起革命的是现实的意志，而非讲求公平正义的意志；因为，如果佃农在自己的土地上稍微多施加一点肥料，并优先收藏属于自己的那一份干草，那么只会让公平正义更慢实现。不过，工作本身以及个人的品德似乎与此息息相关，确实掌握了属于它的特质。所以，公平正义完全不是观念公正之成效，反而来自一些不那么抽象、相对朴实的品格。赢得局面的，是勇气、警醒、节制，总之，是不断克服懒惰欲望的所有意志形态。美德在

---

[1] 指工人阶级的革命，马克思引《哈姆雷特》中的句子。

此发挥充分的意义，不但十分有效，而且正确。

以上那些例子，加上其他理由，后来我明白，当柏拉图孜孜不倦地说没有人自愿当坏人时，他想告诉我们的是什么。因为我清楚看见每个人个别的品格皆是意志的成果，每一项品格的背后都有勇气支撑，而非藏在恶习背后的懦弱与懒惰。毕竟没有必要拿出意志力来逃避、放弃、睡太多或在餐桌上停留太久，这些事情不请自来。想要站稳站直需要意志力，但若想摔跌就不必了，重力足矣。因此，对个体来说，重要的绝不是想要，而是积极有力地想要，那才是真正的有益。柏拉图甚至说：透过这些实为意志的品格，或可说是一种坚定的自律，必将出现公平正义。此话一出，反对意见纷至。难道一个土匪不是凭意志行不义之事？不是，柏拉图说，是因为愤怒与怠惰。这场辩论绝非白费唇舌；透过这样的思路，我们得以逼近某种重要的真理，感受犹为明显。这正是一个值得注意的状况：意志被听从，但必然并非总是根据抽象的公正来行事，不是不要花招，甚至也会有意无意地忽略他人和他们本来应得的事物，却能达到一个较公正的状态，而且所采取的许多途径也非出于好意。

1923年6月19日

47

> 牧羊人喜欢他的狗，它就像他的警察局局长；但他远远更爱他的绵羊。

我持续研究着牧羊政治

我持续研究着牧羊政治，当初我跟随柏拉图进入这门学问，不久前才明白：羊群对牧羊人拥有极大的权力几乎毫无边际。因为若是羊只瘦了，或只不过是羊毛卷得不好，牧羊人就闷闷不乐，而且绝非虚情假意。倘使羊群开始死亡，情况会如何？牧羊人立刻想找出原因，调查草地、饮水和牧羊犬。人们说，牧羊人喜欢他的狗，它就像他的警察局局长；但他远远更爱他的绵羊。如果事实证明，一只狗，由于过度啃咬或过度吠叫，总之由于某种挥之不去的躁动情绪，夺走了被它治理的羊只们进食的胃口、喜爱和生活的兴致，牧羊人会淹死牧羊犬。这是要告诉大家，在牧羊人眼中，羊群的意见才是至关紧要，即使是最疯狂的意见；牧羊人绝不会停下来说羊只很笨，反而立刻努力满足它们，注意它们喜欢的风向、如何晒太阳、害怕哪些噪音、哪种气味让它们慌乱紧张。

这就是为什么，如果牧羊人用以下的话语对羊群说话，绝不是出于虚伪："各位绵羊先生，我的朋友，我的课题，我的主人，关于青草或风向，请别相信我会采用各位以外的意见；如果有人说，我在治理你们，请用这个方式去理解：我比你们更重视你们的意见，因此，我谨记在心，而为了避免你们误解自己的意见，我或许会提供一点训练，或利用你们命中注定的乐天肤浅，无论是哪种状况，你们只需要表明你们喜欢什么和不喜欢什么，然后什么都别再想。我就是你们的记忆，是你们的先见之明，说得高贵些，是指示你们的神意。如果我引导你们避免做出某些可能很想做的动作，例如啃食湿草或在大太阳下睡着，那是因为我确定你们一定会后悔。你们的意志支配着我的意志；其实光这么说还不够，除了你们的意志，我没有其他意志；总之，我就是你们。"

这番说辞是真的，而且经过验证。因此，若有人想在绵羊群中建立全民普选的制度，透过这个方式制衡牧羊人并持续纠正他，这个人所得到的回应会是：这样的制衡与纠正本来就会自然发生,并定义羊群和牧羊人之间的恒定关系。请想象现在羊群一心决意老死。这岂不是一群最忘恩负义又最黑心的绵羊吗?如此荒唐的要求至少会受到检验吧?在绵羊的权益里,是否能找到一条前例或某种原则,与如此新颖的论题有关?我打赌,牧羊犬,也就是警察局局长,会这么对牧羊人说:"这些绵羊才不会说出真心话,而出现这种疯狂的想法其实表示它们对牧草或羊棚不满意。我们应该往这个方向寻找答案。"

1923年5月12日

48

> 民主政治的宗旨在于,透过某种舆论评断来反对永无止息的权势贪腐:军队、警察、工业、商业、银行以及所有的一切。

贵族政治是最适任者的政体

贵族政治是最适任者的政体。这种领导类型不少见,而是十分普遍的事,且让所有社会存活,无一例外。进入狭道时,驾驶员发号施令;行船一点也不困难。救生艇上,划桨好手持桨,最灵活的航海员掌舵,视力最好的侦查事物。女人指挥洗衣工作,男人不进去搅和,因为他对此一窍不通。

勋阀政治由贵族治理;贵族或高贵的人,其实是同一个意思,就是名人。学问和本事未必光芒四射,人们选择有名望的人。名人经常是老人;老人可能曾经非常能干,但已不是当年那条好汉,不过他顶着长久以来所受到的赞赏光环。常见的状况是,人们很重视这一点:一个人在二十岁的时候,是否为他同龄中最优秀那个。此外也必须承认，严谨、品格端正、简单的事能够确实完成，这些特质营造出一种不完全错也不完全对的名声。我们明白，在许多例子中，勋阀政治取代了贵族政治，但根本不配。人们有许多机会崇敬地凝听一位头发花白、功勋彪炳的工程师说话，结果，在他离开后，只能服从精明的工头；而有时工程师也会留下来。一旦知识难以受到认可，官威永远凌驾知识之上。

亲族关系可博得尊敬，只需透过一个姓氏。得到一个受敬重的人推荐或保护即可博得名声和荣耀，如我们很常见到的，甚至连女婿也沾光。在此浮现寡头政治，那是掌握在一小群人手中的家族势力。而寡头政治其实与财阀政治是一样的，或可说那是富人政府，毕竟他们可以招赘并培育女婿。金钱只不过是荣耀转移的可见形态。仔细检视某个女婿的生涯，就会明白金钱如何支撑家族姓氏，让他发挥才华。工程师和企业大股东的女儿结婚，身家立即大幅超越同侪。遑论更直接的方式：有钱人身边总围绕着有才华的人，有才之人壮大有钱人的声势，他则出钱栽培。财阀的组织非常严密、复杂、隐密。有人形容，一个有钱的笨蛋永远无法取得任何一点权力，这话是错的；真相是，金钱为有才之人锦上添花，给他保障，将他捧上天。财阀政治付出努力去工作，安排调度，从这个角度来看，财阀政治启发了官僚制度这种勋阀政体，但从另一个角度看，却又腐化了政体。关于这个主题，请读警察部门的调查报告，透过分析财阀残党，这些笔录可以让我们了解一些事——一些事，而非全部；毕竟一家繁盛的企业可是极度隐秘、滴水不漏的。

最后，要描述的是专制暴政，这是最糟的治理。专制暴政，如柏拉图所言，是大胡蜂在蜂窝里所施行的权力。这种油亮的昆虫嘈杂、好吃懒做，身边聚集大群工蜂保卫它。有时，表面上，暴政全面占据社会；但请安心，它永远不会摧毁勋阀政体，甚至也不会破坏贵族政体，反而会以暴力和恐惧来剥削利用它们。重要的是要能发现，在所有社会中，总有一部分扩散出来的暴政，依恃阴谋诡计和威胁而活跃；而且许多人身上都带有某种愿意原谅这种暴政的心态，因为所有人偶尔会有觉得理性乏味的时候。

相较于这一切，民主政治或许只是一种对暴政、财阀政治和勋阀政治的反抗，目的在于拯救贵族政治这种对所有人都有益的体制。而纯粹的民主政治并不存在，因为没有纯粹的贵族政治，也没有纯粹的勋阀政治、门阀政治和专制暴政。民主政治的宗旨在于，透过某种舆论评断来反对永无止息的权势贪腐：军队、警察、工业、商业、银行以及所有的一切。

而如果被统治者相信胡蜂群、富人以及功勋彪炳的达官贵人，我们恐怕被迫低下头来往前走。

1932年4月

49

我的思绪或许缓慢迟钝，尽管如此，事实就是这样，我要对自己的才智负责，只对它负责就够了。

自由的思想难以驳倒

自由的思想难以驳倒，苏格拉底的例子便足以证明。无法驳倒他只好杀了他。对于一个率先声称他什么也不知道，而且知道自己什么也不知道的人，你能拿他怎么办？对于一个尽力达到他人教导的境界、提出疑问、筛检答案、从不满意成果的人，你能拿他怎么办？你会告诉他，他思绪迟钝；他将回答你，这一点他自己再清楚不过。你告诉他，他看到的是别人不认为难的难题，他会说："那些人那么快就能懂，真是太好了。但我有什么理由要在我弄懂之前投降呢？"

关于这一点，伟大的诡辩士，意思是演说家、法学家、学者，会对他加以告诫。诡辩士会这么说："你以为你是谁，竟插手讨论权益、公正、幸福，这些你看起来根本不够资格讨论的主题？所以，一个像你一样才智渺小的人，也敢与几个世纪的卓越人士所建立的学说抗衡？你想评判上帝，评判他允许并捍卫的一切，评判神秘现象、牺牲祭礼、美德之类的事，而你却亲口承认自己是一个全然无知的人！你宣称与赫赫有名的大师们争论，仿佛你那微小的评价应能调整各城邦的秩序和公民的行为。去上学！苏格拉底，去上学吧！"这样的言论后来又出现好几次，而那个单纯的公民常常只缩回自己的壳里，任由别人说他已默认。然而，他本来大可用苏格拉底的方式，做出类似以下的回应："没有任何事能强迫我做出迅速又出色的思考。我的思绪或许缓慢迟钝，尽管如此，事实就是这样，我要对自己的才智负责，只对它负责就够了。我清楚感受到，是自己的内在让我像个人。我绝不该背叛我的心智，甚至应该赞扬它。不过，我觉得，如果我把我不懂的事说成我懂，认可在我看来其实错误或不确定的事，那么我的赞扬方式可能会很笨拙，甚至可能背叛它。对于我自身的才智，我的义务是判断时要清楚看懂；而若是我一点也看不明白，我的义务是去怀疑。若找不出更好的办法，怀疑一点也不可耻。至于你本人，你离全盘皆知也还很远。但反过来说，如果你或我，我们保证某种学说确实可靠，只因为该学说看起来只是比较有利或比较逼真，那就非常可耻。这种行为等于欺骗他人，有时或许更糟，还欺骗了自己。因此，如果我的看法跟你的不一样，我绝不会说两者是一样的；如果我根本没被你说服，也不会说你说服我了。反之，若我感到怀疑，我一定会谨记，告诉你和所有人说我怀疑；或如果某种论调在我看来一点也不好，我会说，我觉得这一点也不好。无知如我，或该说，因为我如此无知，我必须谨守这样的义务：不承认任何事物为真，除非它在我看来明显为真。我曾读到，这是笛卡儿为自己订下的规则；而我敢说：这对我比对他更适用。毕竟，已有多少次，我在毫无所知的情况下做出判断？有多少次，我不也与其他被威权训练出来的人一样，为利益或为人情而发言？但我承认，这种做法一点也谈不上是合格的人。坦白说，倘使我认为你们所支持的学说是经过证明的，而其实我几乎不懂；我会这么说，也只是为了得到你们的赞美，或得到好的地位，那么我岂不是像一条狗，为了讨糖吃而卖乖？所以，既然我们已达成共识，那么我选择当一个合格的人，期待你们的证明。"

1928年7月20日

50

> 处处可见装腔作势的思想家，他让我们见识到的正好与他的作为反其道而行：言词精妙动人，事实上却对所有权势阿谀奉承。

这几天，我重新拜读老好人约翰·穆勒

这几天，我重新拜读老好人约翰·穆勒（John Mill）[1]，在他的回忆录中，我详读他于一八三〇年到一八六〇年间，在英国被称为哲学激进派的政治研究。该学派的创始人是杰里米·边沁（Jeremy Bentham）[2]，一个出奇一板一眼的人，将乐趣和痛苦根据效益数据化。在浩瀚的政治与立法研究中，他尤为自傲的是发明了最有效益的监狱；在那里，罪犯所受到的

---

[1] 约翰·穆勒（John Mill，1806—1873），英国著名哲学家和经济学家，十九世纪极具影响力的古典自由主义思想家，边沁后功利主义的重要代表人物。
[2] 杰里米·边沁（Jeremy Bentham，1748—1832），英国哲学家、法学家和社会改革家，效益主义（又译功利主义）论者。

最小刑罚，能让狱卒耗费最少的辛劳，并在正直的人们心中产生最大的乐趣。他如此定义罪行："一人享乐，多人痛苦。"这些定义揭露一种人，他们的缺点与优点颇符合我们那些法兰西院士所谓的"原始精神"。约翰·穆勒，特别是他的父亲[1]，已实现了这种精神。他们是知识庸才中的英雄。

约翰·穆勒什么都读，且什么都读得懂。他经常受神秘理念感动，并看到其中的深度及奥妙；有时，甚至不矫揉造作且非常坦率地亲口承认自己无法创造出同等的理念。或者，他会目测那作为依据的伟大的历史性理念，透过这些理念，看出在某特定时代被视为"真"的那些意见，其实仅呈现出强国政体在商业、工业和武力上的部分状态；因此，人们会认为，全民民主制本身不如君王制正确，但君王制的正确是一时性的，透过国家的力量方能实现。这类理念说起来有一定的分量，且值得注意的是，足以让任何有野心的人应用在任何政体。

不过，目睹高贵的约翰·穆勒如何以他的聪明才智推拒这些高报酬并有利煽动激情及社会不公的意见，真是大快人心。

---

[1] 其父为詹姆斯·穆勒（James Mill，1773—1836），苏格兰历史学家、经济学家、政治理论家、哲学家，古典经济学的创始人。

他坚持讲求效益，费尽所有心思不谈心情。他中规中矩，引经据典，论述精准。结果如下：他同意进入下议院，却拒绝为选举花一毛钱，因为即使是非直接交易，买票也违反了效益原则。这位老兄同时放弃著作权，以便出版价格便宜的大众书籍，其所依循的也是同样的原则。由于以前曾有一名对手在报章上刊载几句话指责他，然而对人民来说却一点也没有产生恭维的效果，他于是公开坦承。在没有丝毫妥协，只坚持做自己并以全体利益（又是效益问题）为唯一考量的情况下，他胜选了。他推动女性选举权（一八六六年！），为爱尔兰贫民、黑人行动，总是为弱势及无知者发声。思想刻意狭隘，生活令人赞赏。处处可见装腔作势的思想家，他让我们见识到的正好与他的作为反其道而行：言辞精妙动人，事实上却对所有权势阿谀奉承。

1913年10月23日

51

> 真实辽阔无边，总也涵盖肤浅轻松的部分。

想得真，不就是想得正吗？

想得真，不就是想得正吗？不一定，漂亮的隐喻从不骗人。所以公正凌驾于真实之上？是的，理当如此；而这意思并非公正可以被当成真实。那么，我们也不能说真实当然就是公正的？真实中偶有分心，甚或迷途失常。真实辽阔无边，总也涵盖肤浅轻松的部分。所有的博弈游戏，无论是下棋、桥牌或字母矩阵，皆有数不尽的真实解法，玩家已将公正性纳入那些随意组合；此时，他们动脑发挥公平的精神，永远保持挑剔。数学也提供不少想象空间，公平精神可在此得到满足，却沦为近乎毫无价值的真理。爱好真实是一种乐趣。人们心想，即使暴君严格要求，也不能否认定理。然而，暴君不把定理放在眼里，他也可能以此为乐，或以玩字母矩阵为乐。你以为他在怀疑有错时，还会接受一个错误的解答吗？才智有其尊严。浅薄的尊严，如同不付钱给裁缝师却花在一盘赌局上。

莱布尼茨说过一件疯狂的事：如果我们的热情对几何学有兴趣，必然能看见顽强的错误，以及刻意闭上的眼睛。他甚至举了一个例子：他认识一位优秀的几何学家，从来不肯相信也不愿了解在某一个平面上，一个圆锥体和圆柱体的切面曲线相同。因为这不是他自己找出的答案，而他本该解得出来。因此，他认为，真相侮辱了他，所以他要否定真相，死不认错。于是，我们可以说他持着"不公平精神"；这个说法乍听之下骇人，却提供了公平精神完整的意义。这位几何学家拒绝正面看待一项令他不舒服的真相，而那是因为自身的不谨慎所造成的不舒服；只要稍微再博学一点，对于证实已知的领域，他应该可以懂得更多。只是，谨慎尚称不上公平公正。

公正的人并不如此谨慎，反而勇于冒险。公平的精神并非真的靠已知和已记录的证据来确定，通常只是怕出错。事实上，那是把自己变换成一把计算用尺，不过仰赖一种不会失败的机制。那是一种对判断的拒绝。大名鼎鼎的庞加莱

(Poincaré)[1]说,就连在数学的领域也必须做出选择;那意味着双眼要紧盯这个世界,并朝物理的方向发展,因为数学的领域暗藏危险。到了这个阶段已该知道:清晰的头脑只不过是看清晦暗不明的工具。笛卡儿已那么强烈标示出来这种导向,他是属于不畏惧生活的性灵。请研读《论灵魂的激情》(*Traité des passions*)。笛卡儿曾对自己发誓,要当一名数字与形状理论以外的智者。所有人应该去看看这位哲学家如何向伊丽莎白公主说明形成一股慢性发热的原因,并解释,智者就是自己的良医。只是,那已不再是笛卡儿卵形线[2]和那类不需冒任何危险的事情,而是动物性的灵性、松果体、心、脾、肺,解释爱与恨之运作,要冒极大的危险。在这方面,性灵试着秉持公正,拒绝接受等待的理由;那种表面义正辞严的理由从来不缺。在德雷福斯冤案爆发时,也有许多堂堂正正的等待理由。等待的智慧是虚假的智慧。等到一切明朗、展开,像乘法表一样被摊列出来,这完全是官僚作风。真正的真实,恕我直言,比仅可能为真的真实危险。

---

[1] 儒勒·亨利·庞加莱(Jules Henri Poincaré, 1854—1912),法国数学家、理论科学家和科学哲学家,被公认为是十九世纪后半叶和二十世纪初的领袖数学家。
[2] 笛卡儿于1637年所提出的一种代数曲线。

一名法官很可能拒绝审判，理由是他未备齐足以构成可信证据的所有项目，而他永远也无法备齐。但这是一种不法行为，罪名是拒审。判断是必要的。无论是否身为法官，在这个艰难的世界里，在全盘了解事实以前，先做出判断是必要的。懂得等待这门冠冕堂皇的学问，只不过是盛大的拒审行为。不过，还好有位物理学家几度对自己说："如果最后我坐不上裁判的位子，这一切准备和耐心又有什么用？所以精神恐怕是一把长剑，十分美丽，人们却永远不敢使用？"柏拉图不希望人在洞穴里过一辈子，但他也希望人们会再回到洞里。这个想法至今仍有新意。会有某个老狐狸对知识渊博的人说："那么，请你不要从政，政治配不上你。"事实上，从政不靠精神才智，因为精神才智并不公正。所以秉持公正精神的人会回去找他的兄弟们，将自己和这个世界里的各种影子衡量，一面暗自发誓：有此精神的人不逃跑，要用另一种方式拯救自己。毕竟，亚里士多德曾说："最终赢得桂冠的竞技者不是身材最健美的，而是努力奋战过的那一群。"

1932年2月15日

52

> 不要为反对他人而思考，而要与他人一起思考，并汲取他珍贵且深入的思想，只要我感受到那想法合乎人性，与我相同。

想到最近被大家纪念的约瑟夫·德·迈斯特

想到最近大家纪念的约瑟夫·德·迈斯特（Joseph de Maistre）[1]，我自己在心里重新检视了我曾誓言相信的人们；排在第一列的，我看见了苏格拉底，如同柏拉图在《高尔吉亚篇》或《理想国》里所呈现的那样，每次争论者以他们的经验证明来叨扰他时，他总摇头说不。而正如苏格拉底所言，让人看见政府的强权无所不在，司法所讨好的其实是势力最强的那群人，这并不困难：那本是人性戏码，我们天天耳闻，

---

[1] 约瑟夫·德·迈斯特（Joseph de Maistre，1753—1821），法国哲学家、作家、律师及外交官，法国大革命之后，挺身为阶级社会与君主制辩护。

时时目睹。细读这些漫长的讨论，随之峰回路转，你将会看见公正出现，然后又突然消失。最后才能掌握它。会有那么一个可喜的时刻，人类天性的所有部分聚集了起来，仿佛依循公正的内部法则，而强权的外在表现远远附属其下。于是，一切按部就班，真正的处罚回应真正的报偿。但是，若想见到这种局面，至少必须如苏格拉底一般有耐心。匆忙的读者总是处处见到权势所带来的不公，愈与财富挂钩便愈缺乏公平正义。因此，根本没有把戏也没有人为手法，而只有最完美的图画描绘出这些摸索及思考回路，断然拒绝不曾发誓的人。首先必须发誓，在尚不知道该如何回应时，就先对魔鬼论调说不。

还有另一件事，总是有点恼人。你阅读，一边读一边衡量苏格拉底的证明，把它们搜集起来，掌握其中的精要概念，如宝藏一般收藏在记忆宝盒里。但是，魔鬼依然虎视眈眈。再次打开宝盒时，你发现里面只剩一小撮灰，要素皆已烟消云散，混沌不明。必须全部重来，必须再次用苏格拉底的技巧自助；不公不义再次夺目壮大；恶魔般的嘈杂再次震聋可怜人的耳；这是必经之路。若缺乏勇气，一切成定局。这就是为什么我们会看到那么多思想家逐渐老去，记忆失准，成为强权的座上嘉宾，用敌人的头颅饮下蜜酒。我见过一位高贵的思想家，他站起身，迈开大步，来来回回地踱步，一面对我说："人们应该要懂得把事情一次性解决。渡过了一个艰难的关卡后，就该把它永远地抛诸脑后。而当观念成形，就应该拥有它。所以，一切永远都要重新再来过吗？"这正是苏格拉底以同样的字眼所提出的疑问。整体而言，人们想要得到一张证书或学位，然后高枕无忧。然而，这样的事根本不被允许。

在每个有点装模作样的人身上皆能看到难以动摇且刻意的偏见，导致证明与说服的工作倍加困难；根据上述的深刻经验，我们应该要去了解那些偏见。这是一项艰辛的抗战，有最好的战术的、最有学问的、最指挥有素的，恰好最无法动摇敌人。我曾观察过一个精力充沛的人如何闪躲强而有力的证据。他很早就预测其到来，同时拒绝注意听你说什么，并非因为认为你的言论薄弱，反而因为觉得强大；其实他在心中默念自己的忠诚誓约，犹如祈祷。此刻的他很帅气。毕竟，我们这位思考者的处境如此艰难。请想象，倘若，一旦我们已没有可以回应某个争论者的论点，必须放弃一种珍贵且多次经过证实的理念，这种处境将变得苦不堪言。事实上，没有人是这样思考的。所有人都想仰赖一种驳不倒的信念，那是他的藏身之所与城堡高塔。我从中得到最重要的规则，那就是绝对不要为反对他人而思考，而要与他人一起思考，并汲取他珍贵且深入的思想，只要我感受到那想法合乎人性，与我相同。而当这种思想是所谓永恒的公平正义，无论人们称之为上帝或任何名字，即可以其立身，从此处开始研究；从这个方面进攻，高墙终将倒下。

1921年8月1日

53

> 问题永远一样,创造自己的命运永远极度危险。面对接踵而来但停滞不前的人生,每个人永远有辽阔的选择。

事情没有任何进展

事情没有任何进展,只因为已经达到平衡状态,和潮汐一样。而人类也没有任何进步,赤裸裸地出生,天生带着一份恐惧、愤怒与勇气,这就是他全部的命运。只愿我们当初有长足的智慧,得知柏拉图早在我们之前便写下这件事,那会很令人愉悦。关于智慧,困难之处不在于要靠阅读或听讲来学习。途中每个人都会遇上最终审判的大日子,而他就是自己的法官;他要透过自己的选择评断自己,并尽力重当苏格拉底,或重当亚西比得:卸除理智,进城晚餐,追求权势。这些在以前实践起来一直很容易,在未来将仍然容易,而且原因始终一样。透过这些相同的原因,人民将仍旧急于推翻,却无能重组。在柏拉图的时代,富人的骨子里流着野心的血,与现在并无异。你不相信我,那请你阅读《理想国》或《高尔吉亚篇》。何谓强大又受尊崇的人?那样的人会为自己的朋友辩护并妨碍其敌人的律师。引神级思想家的话来说,那样一个公民,他懂得,在该付出时,付出得比别人少,收取时,又收得比别人多。智者完全不懂这些。或因为他不屑学会这一套,或因为没有那个胆量;到底是哪一个原因,只有他本人知道。在柏拉图的时代,已有些人说"只有神知道",而这个说法根本不能改变任何事。机械的世界形成一种可怕的裁决,因为每个人确实拥有自身的想望和所爱。不爱钱的人没有钱;但是,能否找到一个例子是死爱钱的人竟一毛钱也没有?至于权力,我发现野心只要稍微透露一丝痕迹,会立即引来超出其想望的状况。领导者没有其他美德,除了爱好权力;光这一点就够了。只是千万不可作弊。假如你仅为了自由和公平正义而喜欢权力,那么你将拥有一份正好适用在那方面的权力,一点也不会再多。饶勒斯(Jaurès)[1]和克里孟梭

---

[1] 让·饶勒斯(Jean Jaurès,1859—1914),法国社会主义领导者,最早提倡社会民主主义的人物之一,并因宣扬和平主义观点及预言第一次世界大战的发生而闻名,同时也是《人道报》的创办者。

(Clemenceau)[1]两人的命运便是很好的比较。

现在，再一次，对于已了解游戏规则的人们，我提供地狱全图，如同柏拉图在多少世纪以前便描绘出的景况。这群人刚测试了他们的机运，选择了要挑的担子，每个人都做了与自己相衬的选择。首先，一道响亮的声音说出这番惊人的话："神不是理由。"他可能是理由吗？为什么在阿喀琉斯[2]正要再次重生的时刻，他要多给阿喀琉斯那道微光，使他选择了非暴力、爱与愤怒的存在？为什么？他有什么权力？阿喀琉斯后来是被阿喀琉斯本人补偿和处罚。任何听告解之人都懂这件事，最渺小的杨森主义者也会把凡事只怕后果、为了保证自己能在天堂永远吃个够而一辈子不敢吃鹅肝酱的人打入七情六欲的地狱。公正之神非常明理地说："鹅肝酱属于喜欢吃它的人，公平正义属于喜欢它的人。"请注意，此处说的不是别人的公正，而是人自己的公正。毕竟，若是因为别人会喜欢才去喜欢公正，那样的喜欢也很奇怪。而小偷非常擅长说：在小偷的世界里，诚实的人是傻子。这样的人也会获

---

[1] 乔治·本杰明·克里孟梭（Georges Benjamin Clemenceau，1841—1929），人称"法兰西之虎"，法国政治家和新闻工作者，曾两次出任法国总理。第一次世界大战战胜后，于巴黎和会中签订《凡尔赛条约》。

[2] 希腊神话中的英雄。

得他应有的对待：弱小者饱尝轻视，强大者则备受推崇。这些，柏拉图都写在书里。作者亲自驾驭他的文句，若在其中不经意流露出些许虚荣的动作，他便会用一句好笑的话来弥补。因为，错误从何而来？为什么书写的手无法精准地描绘出作家的肖像？于是，所有错误自得处罚，所有优点也都自得报偿，各有各的筹码。因此，永恒的生命即在当下，永恒是因为公正。你说人生不公平，因为公正之人不在君王邀请之列。请你把话说得更明白些。这么说才好：如果公平正义确实公正，公正之人应能得到不公平者的好处；换句话说，取得轮到他成为不公平者的权利。这或许是你想问神的事。所以，如柏拉图所言，神早已妥善安排，擦亮并完美地封闭这个世界，然后再也不看一眼。就像一名伟大的棋手甚至不该在他人下棋时观看棋盘，那等于透过目光作弊，虽只一眼，却是强烈的讯息。伟大的棋手只需管好自己的棋局，径自离开。对于同类，我们没有什么可做，只能不要太认真看待他们的把戏，他们没问，就别费心建议。这一大群静止不动的人即如此出现在恒久不变的天空下。问题永远一样，创造自己的命运永远极度危险。面对接踵而来但停滞不前的人生，每个人永远有辽阔的选择。柏拉图对我们悄声耳语：暴君是世界上最不快乐的人！这事实多么骇人听闻！的确没有人相信这件事，而这就是为什么柏拉图的作品还没被禁。我说得夸张了些，其实已不太被允许了。

1933年1月3日

54

> 如果一个人认为欣赏的负荷太沉重，可能为了得到某种释放而去轻蔑，甚至，如果刚好办得到，还会贬损对方。

在柏拉图的学说中我看不到任何不足

在柏拉图的学说中我看不到任何不足，他的神已退位，把世界留给无可挑剔的法则，任由人类去创造自己的命运，这颇有助于我们在最悲惨的历险中解开谜团。如他所言，爱，这贫穷与财富的结晶，时时位于刀口上，必须选择；而不可更改的铁则逼我们完成抉择，一如航海员面对波浪。

选择爱的人，他做出了伟大而美好的选择，因为他选择把自己所爱带到最高的完美境界。而这个理念，出乎意料地不留任何转圜的余地；必须希望对方自由又快乐，也就是说，依照他的本性去发展，保有自身的形态，主动争取而非被动受苦。柏拉图这个名字本身仍与这份宽大的爱相连，即使受到嘲笑又何妨。真正被嘲笑的，反而是暴君的爱，不断出尔反尔，破坏他那个美丽的承诺，对悲惨的女俘虎视眈眈，逼得她难以呼吸。基于不可更改的铁则，那份悲伤报应在他自己身上。巴尔扎克的小说中，最神秘的人物之一实属奥诺丽纳（Honorine）[1]。她让我们见识到一个女人被过度漫不经心的虔诚慢性谋杀，也仿佛死于那种对人毫不尊重的男性形态之压力。贪婪的幸福即如此：只在乎自己并随时反悔。若将美人当成一项异族财物来征服，那么她就是一个谜；而嫉妒的折磨想必来自发现想要随自己所欲，而非随她的心意去掌握她的同时，反而导致她的美丽变形。相反地，看着她绽放盛开的人喜悦快乐。对方的幸福全部回报给了他。而这正是他的想望。只是他经常轻易忘记他想要的是什么。他气恼、发怒、施以处罚。而他处罚的其实是自己。不幸也全部回报给了他。恶人，遭殃的是恶人。

爱是最初的野心，爱是青涩的野心。暴君的操作比较成熟，或许追随起来也比较清楚。毕竟暴君以为自己受人敬畏便心满意足；针对这一点，不缺各种俗野的格言。"让他们恨

---

[1] 奥诺丽纳是同名小说中的主角，纯洁的奥诺丽纳由于追求虚幻的爱情，最终造成无可挽救的悲剧，并和丈夫同归于尽。

我,好吧。"但这个人并不知道自己要什么。叙拉古(Syracuse)的暴君召唤柏拉图[1];随意支配柏拉图,多美好的事;但先决条件是柏拉图保持柏拉图本色。当然,他是一名卓越的奴隶;但是如果他是奴隶,他就不再是柏拉图。暴君想征服他,却是一场困难的征服。唯有在柏拉图确实是柏拉图的时候,我才有兴致利诱他;决定在他,而非在我。如果他不是最自由的人,如果他没有依照内心的法则做自己,那么我在乎的是谁?所以,由于这项障碍,我把这个珍贵的人降格成物,我拴绑的不过是个影子。我压迫得愈厉害,他逃得愈远。或许没有人不会被牢房贬低人格,但那也摧毁了人的价值。我赢了,好吧;但如果我腐化了他,如果我使他步上歧途,我赢得了什么?著名的腓特烈大帝也曾想收编伏尔泰,他却做不到;基于暴君的习性,他强迫那个自由的人,在他眼中帅气且难得之人;尽管如此,他却仍用夺取的方式扼杀之。于是,他回头重操苛刻旧业,继续统治、轻蔑。但其实人人都是暴君,都想当王。只有空口胡说的奉承算数,而且所有人对这一点的要求异常严格;但这表示他们其实什么都不要求:这

---

[1] 柏拉图生前曾三次受邀至西西里岛国叙拉古,并和统治者狄奥尼修一世(即作者所言的暴君)探讨实践其政治理想的可能性,但最终仍告失败。

就是人情法则，而我认为这种法则似乎也能解释爱的部分。

爱如何转变成恨，我们都能了解。因为如果暴君不能强迫这股挑战他的强大势力，他就会想羞辱之，他将强迫自己把那股势力想象成薄弱无害、带着奴性、有失体面。一旦类似的心愿得势，所产生的后果非常可怕。柏拉图被关入大牢后，同样的效应也可在爱之中发现。因为，如果一个人认为欣赏的负荷太沉重，可能为了得到某种释放而去轻蔑，甚至，如果刚好办得到，还会贬损对方。这是另一种选择，透过不容动摇的铁律，降低了我们的一切预测标准。由于暴君将绝望地扭曲那位自由、光彩、体面、本身拥有强大潜能之人，他将出卖柏拉图。这类疯狂的愤怒非常普遍，比人们承认的更多。所以，那些人们想冠以疯子之名的古怪异类也能教导我们，用的是夸大我们激情的形象，浮夸，但还能辨认。

1929年11月20日

神

55

> 假如纯粹的美德存在，那就不会再有美德，这句话亦千真万确。

政治一点也没变

政治一点也没变，此后也绝不会变。因为人的结构仍然相同，而柏拉图所说的，到了今天反而更显真实。永远有一个头脑，属于同样的头脑，擅长同类型的组合。永远有一副胸膛，属于同样的胸膛，怒气和勇气的中心，爆发之处。当主使者发怒，最高等的智慧也沦为执行者的角色，尽力挽救那些疯狂的政策。因此，我们每天都能感受十次心脏篡位。如今，我们得同意，腹部盛装并支撑这一切，从某个角度来看，腹部管理一切；毕竟，少了食物，就不会再有勇气，也不会有个人想法；以至时常迅速被愤怒左右的思想必须列入恐惧，而那也属于腹部的范围。

人是如此，永远如此，我们还有许多困难未克服，且永远也克服不完。再怎么合理的计划也永远无法独自完成。隶属于腹部的经济使我们永远紧密依存。需求总爱控告热忱，而热忱总战胜需求，然后轮到需求来控告理性。然而，理性，由其观点来看，若要适度管理这些邻近的同类，只能先接受这些同类；因此，最不公正的即是理性的不公正：发生在它想否定其他两个角色的时候。由此出发，你可以轻易且精准地勾勒出三种不公正的样貌：第一种正是需求与胃口，第二种是狂暴，第三种则是理智。这种看法虽简化，却可以从这里开始讨论。对自我与他人的认知尚未能如此深入。

从这里开始，我猜测出三种政治形态且恒久不变，以及三种宗教也是恒久不变。政治形态有三种，其中有纯粹理性的政治，其计划繁多，但因为看不起其他两类，以致一事无成。另一为愤怒的政治，实际执行的总是比想要执行得多，大开杀戒也扼杀自己，但是多么荣耀、多么幸福！毕竟着手实践且勇于冒险的行为不但美好且令人陶醉。最后则是利益政治，内容囊括前两种。此三种政治在工会、政府、民族，甚或在所有人群中皆可区分出来。真正的和平藏于人，介于组成他的头脑、胸与腹这三个角色之间。由于三者皆有其道理，所以和平必须商议，而非仅拟定出来就满足；而且商议应永远持续。

宗教也有三种，且必然同时存在。腹部迷信，对过去及未来皆迷信。恐惧崇拜强权，正如人类也曾崇拜一切：太阳、火山、蛇，以及腹部本身；那是一种可畏的迷醉，一种神秘；不仅在以前，现今仍然一样。此处有一大片晦暗不明，但并非无从进入。我之所以提及宗教，是因为心和理性的确从来不曾缺席；它们遵循、服从、美化，如魔鬼般地发出亮光。假的神仍然是神。

光荣性的宗教更上一层，那是奥林匹斯的宗教，是为勇者加冕的宗教。在这个层次上，人只想从心行事，却无法推辞做自己，于是贪念不断逼使勇气蒙羞，一如理性不断证明权势的功效。征服者想得到饱足，征服者想成为有道理的一方。这些心声常可在同一句话中听到。想让光荣性的宗教销声匿迹或换一种样貌简直是疯狂的想法。请经营管理，请谈判协商。

精神性的宗教是最美好的，所有人都同意。它贬低盲目的势力，贬低人性的力量。此种宗教衡量其他价值，视为人类交易中的纯金。但是，假如纯粹的美德存在，那就不会再有美德，这句话亦千真万确。事实上是这样的：人必须进食，却不可过量；为了某件事该上战场，但不可过度；总之，赞扬精神艰难的胜利才是精神之所在。这就是为什么，对于一个人，我感兴趣的是平衡，那难以维持的平衡，绝非对一个人的勇气感兴趣。爱的勇气、荣耀的勇气、理智的勇气，皆属同一种。若一个人曾经适度地与自己进行艰困的协商，而非愚蠢地忽视自己或崇拜自己，我愿意派他去为我们的财产和生命谈判协商。如果我们所教导的是整个人的结构，而非如人们那么轻松却无用地教导首脑其头脑的结构，成功几乎已可触及。

           1933年4月22日

56

> 对于一个总告诉自己没有什么比另一种选项更真实的人而言,所有表象的切入点都一样。

宗教大致分为两种

宗教大致分为两种,其中一种把我们拉向外在与奉行,而另一种则带我们回归到内在某个无法驯服的部分。每当神明行事不公,苏格拉底便了然于心,甚至说了出来;但他只会把情况形容得更糟,或者更好:"那完全不是因为神明希望公正是公正的,只是因为公正是公正的这件事是神明想要的。"这种说法等于让神明向会思考的苏格拉底低头,或者应该说,要他们向唯一的神低头。但这种运作永无止境,因为当一个人陷入思考,那个不那么纯粹的他会不断地求助于较为纯粹的他;不那么自由的他会求助于较为自由的那个他。相信了精神性灵,就不会那么相信其他事。宗教之信念是不轻信的灵魂。

我的不信仰，仍来自我信仰。消极多疑的人凭空说他什么都不相信；如果他不相信自己，如果他不相信自己有能力看清事实，并且批评、判断事实，如果他终究被风俗习惯、被身上的皱纹和伤痕所掌控，那么，他说自己什么也不信只不过是空口白话；因为他其实什么都相信。对于一个总告诉自己没有什么比另一种选项更真实的人而言，所有表象的切入点都一样。到头来，支配他的是自身的欲望和利益；这将造就出一个极度任性的老顽童。然而社会这套报偿与轻视的体系令人赞叹。很快地，仪式庆典和机构将这些轻浮的人聚集起来，并引导他们。如同漂浮的软木塞随江河流入大海，并知道自己正随波逐流，这些轻浮的人亦会发现他们正前往某个方向。他们甚至为这趟软木塞的漂浮旅行写了许多书。这些书在我看来十分教条制式化，甚至就文字的表面意义来说，带有宗教色彩。与苏格拉底正好相反，他们相信，公正是众神所冀望的。比方说战争，一旦明显看得出是神之所望时，战争就是公正的；或说他们自己的财富，一旦明显看得出是神的旨意，那就是公平的。弃战那方和耶稣会的教义属于这一类。而在一个人身上，这个宗教的部分从来没完全被铲除；因为我们不能评判所有的一切，对于某些事件、情势和潮流，必须选定自己的立场。这是顺势而为，说穿了，是相信凡成功的就是真的，而且公正的。永恒的苏格拉底或许从来未曾真正死去，甚至仍活在某个国家顾问心中，不断起身反对这种说法；而他所依据的是其内在的谕示，秘密的谕示。那通常是晃动的光线，有时则大放光明。举例而言，面对一场明显的诈骗，宣称自己什么都不敢确信的人突然停止这种态度，说："这是我绝对不会去做的事。"当人人鼓掌、情势大好之际，他绝不做。一个间谍也许不会背叛友情，一个专做大勾当的大盗不会在赌博时作弊。

我来到这些回路最惊人的段落。实用主义者，也就是顺应潮流的人，从来不说自己是这一派。被苏格拉底要求脱衣的普罗泰戈拉（Protagoras）[1]，最终承认意见只分比较有利或没那么有利，但同时也承认我们根本不能这么说，因为一说出来，有利的意见就不再有利。因此，对于一则关乎国家的谎言，我们不该说它对国家有利，应该说它是实话。而这种微妙的思考本身并不合乎人性，因为最有利的，是相信有利者为真。于是，本来最冷漠的都成了狂热的状态。反观想在自

---

[1] 普罗泰戈拉（Protagoras，前490?—前420?），古希腊哲学家，诡辩学派的一员，反对苏格拉底的先天道德论，主张"德行可教"。

由评判中寻求避风港的人,他从来不曾那么确定一项验证能完全摒除方便性及合宜性;而且,因为他担心人们将自己之所好视为真实与公正,以致他经常戳破对方想表达的意思和信以为真的事,并认为那仅是刚好适合。由此,从耶稣会门徒的言谈中可知,他是理性主义者,而杨森门徒的言谈则透露,他是怀疑论者。精神自由的人永远乐于接受帕斯卡那种信又不信的方式:"不该告诉人民法律不公正。"不过,既然他说不该说,他终究还是说出来了,虽然只对他自己说、记在他的笔记里、对他的软帽说,但这样已经说太多。

1928年3月

57

> 我永远是透过自己的理智得知人们告诉我的是否公正，是否真的具有神性。

我读过三篇反对宗教神启说的抨击文章

我读过三篇反对宗教神启说的抨击文章。最古老的一篇是柏拉图《对话录》中的《游叙弗伦篇》(*Euthyphron*)；再来是斯宾诺莎的《神学政治论》(*Traité Théologico-politique*)，最后是卢梭写给巴黎主教的信。这三位作者各有其宗教色彩，但对于该出手鞭笞宗教之处的看法一致。论点如下。

每个人在自己身上皆能找到一种认知的力量，我们称之为判断力、常识、理智，或其他各种可能的称呼。然而，倘若世界上存在某种神性，我们可否相信它在某处显现的概率高于他处，以书本或神迹的形式，而非如某种理所当然的观念出现在每个人的良知中？这听起来不切实际。什么？一个未曾读过圣书经典,但漫长的一生都在认真思考的人,其所知道的竟会比一个连经典二字都不太会写的五品修士少?神倾向对读书人展现奇迹,而比较不理会思考的人?如果认可有一位公正的神存在,这样的事教人如何相信?

然而,还不仅如此。从书本或神迹得到神启的假设非但不切实际,而且根本荒谬。书本是什么?白纸黑字罢了。奇迹是什么?只不过是一场梦,跟所有的梦一样。应该好好读那本书,解读那场奇迹;我的意思是,去了解那背后的含意。而若要了解,如何能不透过天生的判断,或像人们说的,内在的亮光?于是,每个人必定要透过理智才能认识神,如果真的认识的话。

对此,神父必要争论一番。他说,有些灵魂被腐化,如果没有先知或某个受到启示的人解释,便无法了解书本,也无法了解奇迹。好吧。但受到启示的人和先知,若非透过内在天生的亮光,他们当初又是如何了解的呢?而我,若我听信他所言,如果不是透过我内心天生的亮光,又如何知道他真的是受神启者或先知?最后,受神启者的论调其实只是声音,若能找到其中的意义,那也只有在我心里才能找到。"为什么,"卢梭问,"为什么在上帝和我之间还有那么多人?"

总而言之,足以判断宗教的永远是个体的良知。因此,我永远是透过自己的理智得知人们告诉我的是否公正,是否真的具有神性。在柏拉图的作品中,苏格拉底已提问了今日当问的问题:"公正者之所以公正,是因为神明令他公正,还是因为公正者在我们眼中行公正之事,所以我们说是神明令他公正?"这个纯真的问题包含了整个世俗精神。

斯宾诺莎亦然。他让世人看到显灵的神必须提示自己的称谓,首先神必须证明自己是神。如何证明?不是直接说"我是上帝",这话就连一台留声机也会说;而是要讲出一番表现出神性智慧的话语。那么,若不透过人类的智慧,又该如何判断这番话是否有神性智慧呢?结果,从神谕或鸟类的飞行或天神的声音来寻求智慧,我们什么也得不到。就算能找到,每个人所找到的,其实永远是他的自我。重点就在这里。所以,你可能喜欢去跟某个西永派(Silloniste)[1]辩论,或另找个虔诚的教皇派(Papiste)[2];请随身带着我先前提到的三本书中的其中一本,以免被他们带偏了主题。

1910年1月3日

---

[1] 一个具有民主意识的社会政治运动组织,为法国天主教政界人士马克·桑尼耶(Marc Sangnier)于1894年创立,目的是让工人阶级在反宗教的物质主义之外有另一种选择。
[2] 此派人士维护教皇的绝对领导权。

58

> 若非先暗自下定即使失权也不后悔的决心，也许没有任何人能晋升掌权，这是世界通行的手段，可畏的赤裸真相。

对于为什么该品行端正，人们有所争论

对于为什么该品行端正，人们有所争论；但对美德本身，却没有疑义。假设在狄奥多西（Théodose）[1]的时代或任一时代，我去参加一场干面包食客大会。我看见一位伊壁鸠鲁派、一位斯多葛派和一位基督徒到场，各自带着小面包和水罐、身穿牧羊人长袍并执着长杖。这场三位智者的盛宴赏心悦目，给人一种非常理性的感觉，因为他们皆沉默不语，静静

---

[1] 狄奥多西（Théodose，347—395），罗马帝国皇帝，392年起统治整个罗马帝国。他是晚期古典至中世纪这段过渡时期罗马帝国的君主，并明定基督教为国教。

地享用餐点。不过，一旦他们试着相处沟通，一切尽化为乌有。基督徒说："各个国家皆盲目疯狂，直到上帝之子化身为人，教导我们轻视财富；这就是为什么我觉得这块干面包好吃，这清水好喝。""才不是这样呢！"斯多葛派论道，"第欧根尼早说过，艰苦才是幸福，并在目睹一个孩子用手掌捧水喝之后，便打破自己的碗。自由之人是需求最少的人；自由之人可与朱庇特（Jupiter）[1]势均力敌；因此我靠面包和水过活。"伊壁鸠鲁派则说："众神根本不存在，任何种类的不朽灵魂一概不存在。一切都是雨、风和原子涡流所造成的，它们互相碰撞、摩擦、结合，于是出现一处汪洋、一片大地、一棵树、一个人。然后一切腐烂、消失，且必将永远死去。世人皆痴傻，因为他们认真看待自身低贱的蜉蝣人生。而我呢，我很清楚，我烦恼的是如何逃避思想上的混乱与掺杂痛苦的快乐；所以，我仿效伟大的伊壁鸠鲁，即我心目中的神，我把这块面包和这壶水当作我的飨宴。"

盛宴会场一阵喧闹。你得相信思想和酒一样醉人。基督徒、斯多葛派和伊壁鸠鲁派毫不厌倦地写着双重讽刺的抨击文章，文中的两大敌对阵营已被无知、谎言、容易听信他人

---

[1] 罗马神话中等同于宙斯的天神。

与疯狂的骄傲洗脑。没有人会把小面包和清水当成最明显夺目的证明。对于人类经验、智者、智者的餐食，人们从来没有任何疑义。独居隐士绝不会去询问国王，请他传授幸福的秘诀；相反地，世界上所有的国王都想征询这位智者的意见，其中终会有几位愿意迁就干面包和清水。修道院与礼拜堂成为普遍的认知，与弓箭和风车磨坊无异。宗教与祈祷文和人们对神的想象根本无关，这真令人赞叹。

完美的怀疑论者也带着他的小面包和清水壶来了。亚历山大大帝的统帅皮浪从印度行乞者身上学到不应特别看重任何事物。因为，世界这场梦是一场病态的梦，充斥欲望；只需心如止水，保持冷漠，死亡这场铺天盖地的睡眠便会将我们活生生吞噬，而那是最完美的，因为那才是真的。毕竟，怀疑论者仍有一个真相可依循，那就是没有什么是真的；而且他也教条式地坚持恪守。所以，门只有一扇，愿意思考的人便能通过。这些饮用清水的人皆为冥思者。这座巨大的世界与这个渺小的人，无论如何，共同形成了是与不是的观念。而我们思考时不可能没有无须证明的假设或其他辅助观念，有些人着重原子，另一些人着重心灵，还有一些人纯粹只看表面；他们各自根据侧重的层面，想尽办法忠于自我。因此他们最恐惧的，应该是显然会让我们丧失理性的因素，如喝醉酒和疯狂激情。人们口中的智者或圣贤，以及万世流芳的楷模，皆断除了所有根本不属于他们自己的想法。不过，根据这个普遍认同的意见，人人心中很可能都有部分修道性格，如同一个遗世独立之人，轻视的事物比相信的多得多。就连拿破仑在失去一切之后，也还能这么说："你看到的是一个没有任何遗憾的人。"若非先暗自下定即使失权也不后悔的决心，也许没有任何人能晋升掌权，这是世界通行的手段，可畏的赤裸真相。在所有权力者身上，你都会在某个角落里再发现这些储粮：一块小面包和一壶清水。

> 1932年5月1日

59

> 完美的虔敬是懂得协助祭祀，把焚香撒在炭上，毫不否定自我，不出言讽刺亦不嬉笑扮丑。

斯多葛派虔诚恭敬

斯多葛派虔诚恭敬，是这种特质的楷模，据我所知，无人能出其右。犬儒第欧根尼崇尚美德，轻视这世界上其他一切，也因此不能说他态度恭敬；但相反地，在这位哗众取宠的天才身上——容我这么形容，我看见了大逆不道的灵魂。一个醉汉不能直接被冠上大逆不道之名，狂热激情的人或莽撞的人也不能。大逆不道是一种想法，而这种想法，无论透过哪一种方式，总会成立，但这并不重要。当这想法显得神秘，就还不算虔敬；当这想法是抽象的物质主义，就还不到大逆不道的地步。尊重人们认为可敬之事物，也还不算是虔敬；而"孝敬"这个强烈的说法将虔诚恭敬揭示得很清楚：这两个字仿佛形成一种普世推崇的不朽价值，整个观念完整保存。所以，虔敬即是不论任何道理地去尊重。"虔诚恭敬地面对每一天升起的太阳"，约翰·克利斯朵夫的叔叔曾对他这么说。没有人知道天亮之后会带来什么，是雨还是雪，突如其来的事或是盲目无理的事。不过，首先虔敬，接下来继续虔敬。

斯多葛派致力一种现实的想法，他们甚至说那是有形有体的思想，是对世界上某事物的感受。除了这个切入点，观念本身对他们来说一点也不重要。存在就是世界，不是其他任何事物。当然，他们也探讨心灵，并更深入灵魂之核心，也就是意志，而且透过一套至今仍未落伍的推理方式，从人类的心灵探讨到宇宙的心灵。因为，他们说，既然人是世界的产物、是世界之子，如果人类有理智和意志，那么世界也该有。世界等于理智和意志，而且没有边际，毕竟，既然除了世界，一切皆不存在，那么谁能为世界设限呢？这即是斯多葛理论的精要。但这也正是他们强大且虔敬之处；这个世界的确就是那个理智的世界、那个世界的形体。因此无论表面看起来如何，暴力也好，不公不义也好，残忍无情也好，人们仍应该尊崇。但倒也不是完全不主动。马可·奥勒留说："只要一看见通道，就该立刻冲向前去。"但是对于你改变不了的事，小心别任意轻视。"噢！大自然！你的四季为我所带来的一切，我都视为果实。"这首短诗亦出自马可·奥勒留之手。而嘲笑马可·奥勒留的勒南（Renan）[1]也因此被评论。

在此出现了真正的宽容、武断的教条，而且完全不是皮浪式的思考。异族宗教本身即是诗；朱庇特也就是天，克瑞斯（Cérès）[2]是富饶的大地，而尼普顿（Neptune）[3]是汹涌的大海。无知与迷信的人们常犯这个错，因为他们不知道原来自身的宗教如此真实。而观察飞鸟与祭祀牲品的内脏便知神明也并非荒谬可笑。甚至，在将无辜的动物喂饱后先供奉神明的习俗中，其实蕴藏一份深奥的智慧并防止神明碰触血腥的想法。可惜神明对此不够了解。行动的准则不仅是知道人们要什么，同时还要观察世界的各种征兆，以便知道我们以及我们的行动将被带往何处，而这即是虔敬。但完美的虔敬是懂得协助祭祀，把焚香撒在炭上，毫不否定自我，不出言讽刺亦不嬉笑扮丑。很难。但我在其中看见一种伟大，以及罗马式的和平。

1923年7月

---

[1] 约瑟夫·欧内斯特·勒南（Joseph Ernest Renan，1823—1892），法国研究中东古代语言文明的专家、哲学家、作家，曾出版《马可·奥勒留与上古时代世界之结束》。
[2] 罗马神话中的谷神。
[3] 罗马神话中的海神，相当于波赛冬。

60

> 一旦连群体中最弱的那人也了解到自己能保有判断的权力,所有外在权势皆相形失色。因为所有权势都必须有说服力。

爱比克泰德的《哲学谈话录》与马可·奥勒留的《沉思录》

爱比克泰德的《哲学谈话录》与马可·奥勒留的《沉思录》这两本书不常见于书店橱窗里,首先因为出版社唯恐这两本书留在书架上,也因为读者会马上买走。只是出版社都被各方作者吵得头昏脑涨,没有好好思考这件事:《圣经》在书市上获得空前未有的成功,然而《圣经》可不是歌颂宿命的书,而是一本呈现过去的书。我先前提到的两本书在过去一直是顽强不驯的人们的必备读物;在好战分子的书单上,理应名列前茅,属于新时代的书,无论在今日和所有世纪,读来备感创新且热血。"我就是世界",爱比克泰德如是说。

以最深层的意义来看,这也是两本革命性的书。"才不是呢!"你会这么反驳,"比较像教人听天由命的课本,适合老人和病患。"我却一点也不这么认为。天主教的智慧为这些令人生畏的书加上相符的标记:骄傲。每一页无不写着对相信的抗拒和判断的意志力。对,一切都还给了凯撒[1];这虚弱可怜的躯体还给了凯撒,而且几乎是扔还给他;但否定的自由、同意的自由、尊敬和斥责的自由全抢救下来了。精神的反抗从不曾用如此奇特的手法层层剖析;但是,由于立即的报应,凯撒也从来未曾如此赤裸。毕竟,他统治的是什么?表面上看起来是任他摆布的躯体,实际上却是一些智力薄弱的人,若不认同支持就完全不懂得如何服从。所以凯撒在寻求赞同;这甚至是他唯一寻求的,他要掌握的是民智。但要怎么做?用他的卫兵和威胁?那会贻笑大方。一旦连群体中最弱的那人也了解到自己能保有判断的权力,所有外在权势皆相形失色。因为所有权势都必须有说服力。能出动卫兵,那就表示他说服了卫兵,无论是承诺或威胁,使出任何手段都行;万一卫兵拒绝相信,那他就不能算是暴君了。但是人们能够那么轻松自在地相信吗?他们的判断该顺应承诺或威胁?答案我们再清楚不过。要先瓦解这股在人心中看起来机械化的政治力量并非小事一桩。所有政治力量皆凭借心智来作用

---

[1] 这句话出自《新约·马太福音》:"凯撒的归凯撒,上帝的归上帝。"

在心智上。军队凭借舆论得到武装。一旦公民拒绝认同与相信，就连大炮和机关枪也没辙。

不过，什么？所以，现在该轮到我去说服卫兵队里那些迟钝的人？不，这不是个好的开始。应该从你自己开始才对，因为我觉得你跟卫兵一样迟钝，跟卫兵一样匆促，急于崇拜可能对你有用或对你有害的人。无论你是谁，你等于是卫兵队的一分子；那个唯利是图的人，其实就是你，开始极为隐秘地暗中启发或唤醒自己驽钝的心智。他会发现这个惊人却又简单的真相：世界上没有人有权势去掌控内在的判断，因为，若他人可以强迫你在大白天中说"天黑了"，却没有任何力量可以逼迫你真心这么认为，仅需发现这一点，便足以让卫兵队起而反抗，真正的反抗，唯一有效的反抗。凯撒的内心在颤抖，他心想，用那一切威胁和利诱，或许还不能在这个冷漠、服从、猜不透的人身上掌握到一丝信任。在学会说不之前，应该先学会想说不。因此，若你在许多新书中发现爱比克泰德这本蓝色封面的珍本，请学我昨天的做法，买下这本书，为这名奴隶赎身。

1923年2月8日

61

> 狂热激情造就出一堆怪物，而这些疯狂的想象本身正是怪物，不过是暂时的。

"你有能力，就教化他们……"

"你有能力，就教化他们；如果无法教化他们，请忍受他们。"马可·奥勒留这句话是一切世事的总结。我在求学阶段，认识了一名非常温和的俄国人。他说，如果要为欧洲带来和平，只需经过精挑细选，杀掉一万两千人就够了。这真是幼稚的想法。狂热激情造就出一堆怪物，而这些疯狂的想象本身正是怪物，不过是暂时的。那个可疑的俄国人并不坏，听闻过很多事，但该在乎的部分他完全不在乎，一如我们每个人，将他根本不认识也没见过的人们宣判死刑。愤怒最无法原谅的，便是纯粹想象力丰富的人。要如何原谅他们？这些想象是我们自身投入的浮夸虚荣、愚蠢和无情所拼凑出来的，根本不是从他处来的啊！但是，老兄，这些奇妙的特质是从哪里挖出来的？我猜想，正是从你身上。你的愤怒造就他的存在，你不动刀便能杀掉他。

在每个人身上皆找得到所有人的秘密。善恶不分；或者，是暴力这毒药摧毁了善；只管假设别人如此，因为你自己就是如此，如此简单。人类的苦难来自凡人的激昂。所有战争都源自那些爱好和平的人，他们的温和恰似那个可疑的俄国人，他们暗自思忖："只要杀掉一万两千人，和平近在眼前。"这些人也一样，诚恳乞求："再多一具尸体就好。"犹如那些看见幽灵的疯子，每一次杀掉一个人。

在太平的日子里，人们就像现在，会害怕、怜悯、发怒、狂热兴奋。明天可以是和平的，平平静静，轻松的明天。别再问："我们现在过得如何？"一旦和平，人们便能活跃在地球上。你表现出的谨慎根本盲目不经思考。你问道："我们以后该如何从废墟中重新站起？"却不愿问："我们以后该如何重建那些被我们破坏的废墟？而在那之前，我们该怎么补偿这场破坏？"以苦难弥补灾厄，原来这就是药方？但是小心，若我为此发怒，那又多了一件灾难。这是我个人唯一能造成的灾难。对战争发动战争会引来无止境的战争，这我懂。所以，首先维系我周围管辖范围内的和平。我率先与人们缔结和平，而万一他们根本不愿和我签订合约,也不愿互相承诺和平,我能怎么办?万一我和他们开战,因为他们全然不想和平相处,那么就又多了一场战争。朋友们,你们每个人都有维系和平这项高贵的权力。别等明天,今日就开始。

1924年2月8日

62

> 野心微小则无可救药。

勒南错估了马可·奥勒留

勒南错估了马可·奥勒留，甚至嘲笑他，以致其他人也随勒南一起嘲笑。老学究一旦附庸风雅便令人质疑。而我们很清楚，一位皇帝不需故作优雅；那是他与生俱来的特质。他是骑马习武之人。反观常年关在书房的人，一旦想象力丰富，则经常梦想骑上马匹，冲锋陷阵，总之不止一次快刀斩乱麻。这些行动远看帅气且令人惊喜，而身在其中时，虽依旧帅气，却变了调。拿破仑本人曾经坠马，并掉入布洛涅军营（camp de Boulogne）的烂泥里。马可·奥勒留的思想也在兵马杂沓的污泥中写就，这是难以想象的情形。因此，性灵陷入泥沼时，人有某种孤独之感，便求助于修行冥想。亚历山大大帝身边总带着一部《伊利亚特》(*L'Iliade*)，但我相信他想从书中得到的绝不是策略战术，而是在淡忘了军队的烂泥后，他逃逸的心灵。纯粹搬弄文字的作者不断自问自答，且在这些问答中加入一切，特别是他根本没有的一切。他将自己设想成皇帝，扮演那个角色，只是大家都很明了，饰演国王的演员永远不可能交出王位。他永远把自己想成国王，此外，他也完全不知道如何当国王。而有些真正的国王本身更是演员。因此，我喜欢拿破仑那股伟大的气概，他在已出发前往圣赫伦纳岛的船上，接受人们为庆贺八月十五日[1]而献上的致敬，当时他什么也不明了，这个日期在他听来，与对他身边的大臣来说，意义截然不同。勒南那篇平庸的抨击文即可由此解释，因为在大臣眼中，国王退位是一件丢脸的事。我理解，不觉得有什么。"这样太不尊重我。"内侍大臣说。然而，怀抱希望的内侍大臣委实卑劣，而想象力丰富的内侍大臣更是卑劣。

野心微小则无可救药。渴望权势、高贵的地位、财富、荣耀，却丝毫未可得的人，算是彻底失败的。如果想配得上这些，就应该拥有，并以迅雷不及掩耳的速度占据最高的位

---

[1] 拿破仑出生日，而圣赫伦纳岛为拿破仑最后被流放之处（1815年），1821年于此离世。

置，连羡慕的余裕也不留。胸怀壮志，以义务的心态取得政权的人，他更是志得意满；但这种情况极少见，而且对这位法兰西院士来说简直如谜，因为他总是妒羡难当，宛如受其鞭策而伤痕累累，即使他已坐上那么高的位置。空降的国王丝毫没有这些自卑，天生继位的国王也不会有。

帕斯卡批判一切，我喜欢他说，军队士兵的脸又肥又红；但其实当国王的梦，他顶多只做过一两晚。尽管如此，他针对这件事评论道："一个笨蛋的痛苦肇因于他人天生拥有统治的权利，这着实令人感到恐惧。"这层次远胜妒羡，而且高贵。如今，我们的马可·奥勒留诠释得更简洁，而且不带那种来自阶级底层的戾气："晨起后，先对自己说：我会遇见一个脾气坏的人，一个忘恩负义的人，一个狂妄自大的人，一个狡猾的骗子，一个嫉妒心强的人，一个自私的人。他们之所以这样，是因为他们不懂什么是好什么是坏。"要知道，这是一位真正的皇帝，他在面对群众之前都要先如此告诫自己。不过我还想再引用一段："所以，现在就让他们出现吧！亚历山大、腓力二世，还有法勒鲁姆的德米特里（Démétrius de

Phalère)[1]，这几位楷模，倘若曾目睹普世的本质要的是什么，倘若他们演过悲剧的话，没有人曾强迫我非模仿他们不可。"注意，这番话的作者可不需要想象自己哪天才能当上国王。

1923年6月

---

[1] 法勒鲁姆的德米特里（Démétrius de Phalère，前350?—前280），是雅典的演辩家、政治家、哲学家、作家。他出身法勒鲁姆（Phalerum），后来成为泰奥弗拉斯托斯（Theophrastus，前371?—前287?）的学生，也是早期逍遥学派的其中一员。德米特里之后成为杰出的政治人物，并被马其顿的卡山德（Cassander）命为雅典的僭主。德米特里单独治理雅典十年，其间对法律进行重要改革。

|63|

> 真正的几何学家如此发展研究,永远保持怀疑,拆解一切,观念从中源源而生。

整个神学理论中有点什么已死

整个神学理论中有点什么已死,整个几何学理论中也有些什么死去了的。那是上了锁的理念,无人可再查看,而且被造册标上缩写,以便清算,犹如保存图书的人一样。然而,这些精神食粮比嘴巴吃进的存粮更容易腐坏。人们不再思考的想法能算是什么?博须埃(Bossuet)[1]以永恒的真理证明真神存在。一项真理不能停止为真。笛卡儿死了,博须埃死了,真理永远不死。但由于缺乏引人深思的真理其实什么都不是,

---

[1] 雅克-贝尼涅·博须埃(Jacques-Bénigne Bossuet,1627—1704),法国主教、神学家,以讲道及演说闻名,路易十四的宫廷布道师,宣扬君权神授与国王的绝对统治权,著有《哲学入门》。

所以存在着一位永恒的思想者。这可是一种学派思想，一个观念宝库。笛卡儿难懂得多，他打破了观念宝库，甚至观念本身，甚至言明永恒的真理根本不存在，真理时时刻刻由上帝的意志决定，三角形和圆形也不例外。懂的人就会懂。这种论点依然耸动，并提供了一次怀疑不可疑的机会；因此在笛卡儿的神学理论中，处处提示不轻信的理念。偶像该一把火烧掉。真正的几何学家如此发展研究，永远保持怀疑，拆解一切，观念从中源源而生。毕竟我认为，若想知道一条直线是什么，就必须一直记挂在心；我的意思是，一直挂念这个问题，一直力求答案，亦即怀疑与相信并行。至于直线，它自成道理，被封闭在某座测量宫殿中，我知道，这直线一点也不直。世界上没有任何东西是直的。没有任何东西是准的。没有任何事物不是上帝。但公正的人是永远考量准确度的人，并且持续维系，持续力求，仿效笛卡儿的上帝持续不断地创造。如此一来，公正的人凡事求公正，一如几何学者处处望见几何学。这样一个人绝不放心信赖事物的秩序，而他的评判尖锋永远针对已建立起来且受推崇的正义，根据尚不存在的模式修正正义。这股道德判断的大火，这急于突破的热忱，如此崇拜一个只是受到爱戴、透明赤裸且没有任何权势的上帝，宗教即透过这种方式存活重生。……所以这个观念可能将被人类的自满扼杀。

从最广的定义来看,所有乏人思考的观念都应称为机器。我注意到,无线电话消除了理解力的运作,甚至消除了试图理解的念头。飞机扼杀了制造飞机的想法,就像鸟儿身上的翅膀扼杀了怀疑,灵魂论扼杀了牛顿和莱昂哈德·欧拉(Leonhard Euler)[1]的公式。毕竟,假如一切都已经过深思熟虑,谁还会去思考?假如一切都已定调,谁还会去调整?暴力正是某种不需任何怀疑的思想所造成的立即效应,而且难以避免;而从疯子身上所看到的大致如此。也许所有神学理论的目的即是:一旦达成之后就如坦克车一样轰隆上路。权势就是这样侮辱了正义。

1923年12月20日

---

[1] 莱昂哈德·欧拉(Leonhard Euler,1707—1783),瑞士数学家和物理学家,近代数学先驱之一,在诸多数学领域,包括微积分和图论等皆有重大发现。他创设许多数学术语和书写格式,例如函数的记法;此外,他在力学、光学和天文学上亦有突出的贡献。

64

让人时时刻刻感受到威权的那人，人们最后会感激一切他没做的坏事。

我看到有人歌颂圣托马斯·阿奎那

我看到有人歌颂圣托马斯·阿奎那，挺好的，我非常尊敬那部著名的《神学大全》(*Somme Théologique*)，好几次因为在书中找到亚里士多德的观念而感到欣喜，那也是我衷心致敬的大哲。现在，我却必须说明为什么这套神学理论在我看来是错的。托马斯修士提出以下理念：所有人之中，最强大者必然存在。这是定义问题，而且你们可以猜到我的论点。尽管如此，我不在证明上多着墨，反而想好好深思这过分强大的巨大存在。话说，为什么要尊敬这巨大的存在？这是一个不容易通过的关卡。我必须得到证明，或简单一点，让我看到，根据推理和经验所得，智慧、公正和善心与强大的势力站在同一边。笛卡儿希望完美的状态存在，谨慎地不混淆强势的无限和精神的无限。而很清楚地，在这一点上，他拒绝成为托马斯主义者。走自己的小路，我也会到达同样的目标。一颗石头之力足以杀死我，但对于我的敬意，世界上再大的石头也只是虚有其表。拿出更谨慎的态度，注意观看人类的各种势力，我得知有才之士为何隐退，胜利者为何总可能是蠢才。在与我更相关一些的环境中，我看见金钱这项势力利用经营之便引人避开求知，甚至避开观察。我看见，在各种学问内部，权力引人避开知识；飞行员起飞，丝毫不在乎该去了解这是怎么做到的。简单说，势力是一种我无法将之与智慧联结起来的属性；我如何能把它跟正义和善良联结？处于这样的境地，我该如何用更抽象的方式冒险将它们联结起来？答案是崇尚棍棒。不，上帝可不是小学老师。

因为亲身体验过，我知道，过去的人被强迫崇尚棍棒。让人时时刻刻感受到威权的那人，人们最后会感激一切他没做的坏事。赞美，一旦从他口中说出，甚至能达到超出尺度的取悦效果。另外我也必须说，我出生在一个幸福的时代，从来没见过真正的暴君。尽管如此，只消几年战争，就让我具体得知何谓一个凡事崇尚的奴隶，立即根据主人的快乐与痛苦做出应对，此乃最完美的服从。在主人的神学理论中，很自然地，权势及完美必能联结，但我谈的不是这个，而是要点出：奴隶也不能分别看待权势与智慧，甚至权势与善心。而当我们被矮化到要期望主人满意高兴，这微小的感受仍如一道闪电贯穿我们的神智。此刻，我似乎看到了"权势应受尊崇"这种古老思想的起源。号角响起，震耳欲聋。够了，已经够了。这份权势，我乐于称之为强权，我希望遇见强权之际，能和贝多芬一样，不脱去帽子[1]。

圣克里斯多福（Saint Christophe）[2]的传说教我更多。因为这位巨人一出生便立誓服务他认可的人。这位背负基督的巨人去找了一位又一位君王，寻求最强而有力的主人，认为唯有这样的人才配得上最强而有力的仆人。结果他找到了什么？他何曾看见自己扭曲缠绕的棍杖开花[3]？在他背着一个弱小的孩童时。沉重的负荷，的确，却也是另一种重量，压在万事万物上的强大力量。这位性灵——随各位怎么命名皆可，

---

[1] 1812年，贝多芬和歌德第一次见面时，在路上遇见奥地利女皇出巡的队伍。歌德脱帽肃立，俯首等待队伍通过，贝多芬却昂然阔步依旧前行。此后两人没有更进一步的深切交往。

[2] 圣克里斯多福曾背着化身为小孩的耶稣过河，这个名字的意思就是"背负基督的人"。

[3] 为证明亚伦（Aaron）为大司祭乃出于天主的旨意，天主曾使亚伦的棍杖开花结果。后来棍杖开花引申为"上帝亲选之人"。

对这股强大的力量一点也不讶异；他丝毫不赞美那分身的分身（即那个耶稣化身的小孩，也就是上帝的分身、耶稣的分身）。他注重其他价值，他要的不是最强大的，而是握有权利的。将服从之心放在一旁，完全不掺杂敬意。上帝之子与被处死的上帝，这十九个世纪以来所象征之事。我同意这辽阔的想法难以用神学的角度去思考，这可是神学界的憾事。

1924年9月

第三部分

一 人

天性

65

> 真正的音乐家是喜欢音乐的人,真正的政治家是喜欢政治的人。

做而非受,这是愉悦的基础

做而非受,这是愉悦的基础。但因为糖果带来一种小小的快乐,而且什么都不必做,只要让糖果融化就好;许多人也想用同样的方式尝到幸福的滋味,而他们都错了。假如只愿聆听而完全不开口唱,便只能从音乐中获得极少的乐趣。因此聪明的人会说他用喉咙品尝音乐,而非用耳朵。同样的道理,来自美好图画的愉悦是一种得到休憩的快乐,假如自己不作画,或不做些收藏,这份快乐恐怕不够分量;不仅要会评价,还要懂得研究和争取。人们观赏表演,却不愿承认其实觉得看戏多么无聊;应该要想办法创作,或至少演戏,而那也是一种创作。大家都记得那些社会喜剧,演员演得很开心。还记得那几个快乐的星期，我成天想着造一座木偶剧剧场；不过实情是，我用我的刀，拿树根雕刻出放高利贷的人、军人、天真少女和老妇人等角色，另有别人为他们穿衣打扮。我对观众一点也不了解，评论任由他们；这是很微薄的乐趣，尽管创作的成果那么少，终究也是乐趣。打牌的人们持续创造，改变机械化进行的情势。别问根本不懂得怎么玩的人喜不喜欢这场游戏。一旦摸熟套路，政治一点也不无趣；只是必须花心思学习。所有的事情都一样，必须学着乐在其中。

人们说，幸福总从我们身边溜走。对于得到的幸福来说，此言不假，因为根本没有得到幸福这回事。但亲自开创的幸福绝不会错，那就是学习。活到老学到老。知道得愈多，学习能力愈强。这即是拉丁语学者的乐趣：他的学习永无止境，反而因为进步而增加。音乐家的乐趣亦然。而亚里士多德说了这件惊人的事：真正的音乐家是喜欢音乐的人，真正的政治家是喜欢政治的人。"乐趣，"他说，"是强大权势的表现。"这句话如雷贯耳，用词精准，引领我们超越学说；若想了解这位徒然被那么多次否定的惊世天才，这正是该用心阅读的一句话。各种行动的实际进步表现在是否懂得其中的乐趣。由此看出：唯有工作最有滋味，也就够了。我的意思是自由的工作，既有强大力量的效果，又是强大力量的源头。再一次，完全不被动忍受，而要主动出击。

我们都见过那些在闲暇时为自己盖小屋的泥匠。也应该看看他们怎么挑选每块石头。这份乐趣在各行各业皆可寻得，因为工人永远在创作和学习。但是除了敌人带来的完美机制，当工人在作品中不占任何地位，总不断重新开始新的工作，无法拥有他完成的部分，无法用来学习更多事物，那也是一场大混乱。反之，付出劳力后的结果，以及辛勤工作后值得期待的成果，皆能使农人幸福；我说的是自由且身为一家之主的农人。尽管如此，传言甚嚣尘上：诋毁这种消耗劳力的幸福，总悼念得来即尝的幸福。辛苦才是好的，第欧根尼想必会这么说；但性灵一点也不喜欢背负这种矛盾，他必须克服，然后，再一次愉悦地思考那种辛苦。

1924年9月15日

66

> 最弱的人总是被外在的理由牵制,随机遇见什么就是什么,一切交给强权,无论心情、热情或者各种意外。

弱者有弱者的智慧

弱者有弱者的智慧;他要每个人依照他人的方式发展,模仿一切,一切也被模仿。于是,视每个人具备何种长处,为了尽到与众人相似之义务,也就是先服从众人,而牺牲自己的天性。然而,这种十分有道理的教训可能出现两种值得关注的结果。第一种是,在这社会里,所有人的水平皆降到最弱、最笨,如同上流人士的交谈,最聪明的人也努力装傻。另一种结果相对隐秘,仅在成效很大的时候才看得出来:最弱的人总是被外在的理由牵制,随机遇见什么就是什么,一切交给强权,无论心情、热情或者各种意外。这对弱者来说可行,因为他们在这个世界上极少引发什么效应;但对强者来说很难行得通：这种被奴役的感觉令他们不耐，他们狂怒反抗。在明眼人看来，战争发生的主要原因正是这个弱者的帝国和强者被奴役。我只举一个例子：荒谬、毁谤他人且惹人气恼的消息是谁在散播？除了弱者还有谁？他们不假思索地把话说出口，如同破锅里的水，一注进去就漏水。所以，谁会去奋斗，并为支持某种言论惹来杀身之祸？除了愤怒的强者还有谁？

强者有强者的智慧。昨天我在斯宾诺莎作品中再次读到，依然惊人。我从中得知，每位强者皆具备的长处便是保持自己的本色，他的理智丝毫不愿为身旁的人而活。因此每个人的权利即为这种存活的力量，以及保持本色的力量。这种寓意宛如铁甲，一旦拥有，等于有最深层的和平以及自古传讲过的最神秘宗教；暗藏在它之下的，竟能轻易避开斯宾诺莎透澈如水的特有犀利，变得深不可测，无法看透。我把这个部分留给能闭关六个月阅读巨作厚典的耐心读者，歌德就有过这样的经验。但外面的空间仍各有可观之处，除非你什么都恐惧，而那可是最危险的精神疾病，必须先治愈才行。

如米开朗基罗那样的力量，如贝多芬那样的力量，那种强大且无敌的天性，根据自己的法则自转；我们很清楚地感觉得出来那并不可畏，却也容易动摇。而人们对这些人的祈求不是："请跟我们一样，噢，请跟我们一样，模仿我们，推崇我们这种小智慧，饮下弱者欢喜的这同一碗汤吧！"不，普世通用的祈祷词反而是："做你自己，别顾虑我们，别为弱小的我们着想，这样你才能帮助我们、激励我们、拯救我们。"所有人都奔向这股强大的个人力量，或者，为了让这个词听起来更有力，奔向这股强大不可分割的力量。他的伟大作品，无论是雕像还是交响曲，经过多个世纪之后，依然是这个世界上最珍贵的财富，也是最真实的和平贡献纪念。那个国度的统治者是强者与桀骜不驯的人，他们建立起这个世界的和平。我们只需小心，千万别把这些强大人类的游戏和弱者群聚之政府的动乱混为一谈；后者反而是外来且不人道的力量，犹如暴风雨和火山，即使捍卫的理由一样。试想上千个疯子聚在一起，或者上千个胆小鬼，他们仿若被牛蝇叮咬的牛，一定会造成恐怖的效应；而这与某种没来由的雪崩，或那些不知所谓的猛浪颇为相似。养成这个观念，以后就不会随意赞同。

1927年6月10日

67

死根本不重要，只要我懂得观看，任何时刻皆永和美好。

斯宾诺莎的作品

斯宾诺莎的作品，始于晶莹剔透的几何学，终于神秘的流射[1]，这之间有一道深不见底的鸿沟。表面看来如此。而我相信，许多知识渊博的人已试图战胜这种表面说法，毕竟斯宾诺莎的作品广为阅读。但是那些金玉良言有如纷纷落下的水果，该如何知道它们是从哪里掉下来砸中我们的呢？诸如，一个人的身体愈擅长捕捉各种感受，做出各种行动，他的心灵愈能持久永恒；或者，更贴切的一句：对特殊的事物认识愈深，就愈爱上帝。我缩写原文，但他表达的确实是这个意

---

[1] 古希腊哲学家恩培多克勒（Empedocles）关于认识问题的一种理论。

思，而这令人哑然。这是因为人们没有好好读通枯燥乏味的预备章节，而那正是这套理论中藏得最深的观念之一。有那么一个存在，一个人；这个人永远只会被外来的因素破坏。他身上没有任何疾病，心中不藏任何绝望。如果他自杀了，是因为惶恐地感受到自己的天性中住着某个秘密敌人，且正慢慢地摧毁他；如果他是这么相信的，如果他在将匕首刀尖转向抵住自己时这么告诉我，那么这个人是在自欺欺人。转动匕首对他来说如同一块砖瓦掉下来一样奇怪。砖瓦纷纷掉落意味着，存在的期限取决于始终压制着他的广大宇宙，某种程度上总形成阻碍、制造摩擦、滥用歌德和忒耳西忒斯（Thersites）[1]。就是这落雨般的砖瓦，大大小小，最后将杀死我们。但我们本身一点也没有死亡观念，死去的也根本不是我们。假如在那人的天性特质中，在他用来当作感受、行动和爱之准则的平衡运动公式中，有某种违背他的因素，他应该一刻也活不下去。所以每个人都具备一种真，与期限毫不相关。每个人心中都有永恒的成分，仅属于他一个人。在他做自己、透过一次万物与人类的机缘巧遇、在生命中尽情流露

---

[1] 希腊神话人物，荷马在《伊利亚特》中把他描述成丑陋平庸又卑鄙的人物。后世文学中，忒耳西忒斯的形象逐渐变成地下阶层反抗贵族领导的象征人物。

本色的幸福时刻，试着去掌握这种唯他特有的潜在力量。愚蠢的人们会说这种幸福是外来的，但智者或许只有在那些他大胆做自己的强大时刻才会明白。歌德曾说："所有人在自己的岗位上都是永恒的。"

歌德，如众所皆知，为了阅读斯宾诺莎，曾隐居六个月。他读懂了。这场相遇成就了一个美妙的时刻，其本身即是永恒。对我们这些人来说，那是智慧的亮光。仿佛受到影响，诗人歌德完全不沉浸于天马行空的想法。他睁大眼睛思考。无论他看见的是蝴蝶还是人，抑或是一朵花，或海水冲洗过的一根绵羊脊椎骨[1]，忽然间，他感受到的是一种强烈、平衡、充足的天然本性。这种天性与整体息息相关，然而造就这位哲人的绝不是这些外在且抽象的视觉，而是事物带来的那个独特且确切的想法，或者说，直观凝思而得的事物的灵魂。那是另一个真实，无言的真实。而诗人的特殊魔法即是让人亦感同身受，体会到这宇宙唯一的特殊存在。由我来解释这些可能会令我不知所措；但诗人透过事物或大或小的回响，以及那种始终巨大、充足、如神一般的魔力，直接将它置入我心，强迫我接受。诗人提示我：死根本不重要，只

---

[1] 歌德撰写过《动物变形论》，他认为动物最重要的部分是脊椎骨。

要我懂得观看,任何时刻皆永和美好。每个人都曾体验过这种突如其来的幸福,与期限无关,并让人爱上这短暂的人生。而这即是《伦理学》的第五部分。我们从中稳固地建立自我,并心怀感恩。曾言明我们愈了解独特的事物就愈爱上帝的这个人,他甚至说过更大胆的话:"我们感受着并体验着我们的永恒。"照映这面镜子,诗人认出了自己。

1930年6月27日

68

怀疑之前必须先确定；所以，求美必先于求真。

歌德是八月之子

歌德是八月之子。每个人的命运由他初生下来那几个钟头的星座运势来决定，我无法彻底藐视这种上古时代的观念。这些预测想必是人类思想的雏形，排斥接受星座运势同样愚蠢。所有的错误都必须在真相中找到地位。显然的事实是：一个一开始就躺在夏日暑气中晒太阳的孩子，与最初窝在壁炉架旁长大的孩子，两者的环境与感受必然不同。后者将成为真正的人类之子，在意人类的问题，例如睡眠、生火、警卫、公正性；前者则将如天空之子、季风和江河大海之友，他若成为诗人，那可相当于两位诗人的才情。不过这些差异与每个人天性中太多其他成分交缠，以至天文学界的偏见必须止于隐喻的层次,如天空一般悬隔在我们的思想上方,在那无法看透的明亮中,一切有待解释。必须尽可能跟上这个强大的人。尽管如此,从那不畏虎的初生之犊到发展出占据少年歌德心神的石头汤[1],延展出一条光明的道路。

我们知道燧石,如歌德的做法用酒精处理过,或仅猛地放进水中冷却后,会呈现出冻状透明的二氧化硅。歌德在他的回忆录中叙述,他曾勇往直前,思索这个现象,认为自己从这种像动物外表的形态中找到炼金师的处女地;但他在这无定形的冻状物上白白尝试了所有想象得到的反应物;他说:"没有任何办法能让这块所谓的处女地成为母亲的状态。"只是,基于这种冒险的想法,他又投入矿物学研究,终其一生。在此,对于处女母亲这个观念,我们可以有些看法。毕竟,诗人情怀可从任何事物中涌出,圈起一个从天堂到地狱的辽阔范围,而思想家从此持续珍爱这个隐喻丰富的范畴,视之如命。不从结束开始的人再也不知道该如何开始。我无法相

---

[1] 流传于法国的民间故事,大意是三名饥饿的士兵经过某村落,并向村民索取食物,但村民一径说,没有食物了。其中一名士兵心生一计,生起柴火并高声喊:"美味的石头汤要煮好了喔!"在水滚后,士兵喝一口热水,直言:"真好喝,再加些萝卜更好。"村民闻言,便拿出一些萝卜。由此,食材愈加愈多,最后真的煮好一锅美味的汤品。村民和士兵皆大欢喜。

信拥有旅人灵魂的柏拉图竟是十一月之子。他那些孩提时期的梦想，后来成了思想，引领他远远走在我们前方。在歌德身上，我又看到这种珍贵的运作；诗人用以完成思考，仿佛撒下一张大网，捕捉到整个大自然。于是任何诗作都有这样的气度，而且，换句话说，任何思想也有这般诗意。例如桥拱、上千群牲口、人类的财富、热情，皆从其上下通过；但首先要有桥延伸出去，不必考虑那些事情的细节。

处女般完好的观念展现出一种先知之美。初步的确信之后，创造性的怀疑随之而来。由于机制经验的滥用，出现了一些可说存在着错误观念的时代；那时，一颗小石头其实只不过是一颗小石头，一样东西其实只不过是那样东西；这种真实的抽象只不过是手中的一点沙。但是，当它从歌德这样的人手中诞生，一切重来，而占星学重新照亮天文学。黑格尔可以接着歌德而来，还有其他许多人，他们后来都重新学习如何根据诗意的预测思考。怀疑之前必须先确定；所以，求美必先于求真。这一点类似那则古老传说：人们看见一块块石头随着里拉琴声，自行排列出城墙、宫殿和神庙。

1921年8月28日

69

> 伟大的心灵有两种，一种远离，一种回头。

康德必然是历史上头脑最好的人之一

康德必定是历史上头脑最好的人之一，然而歌德这位思想家有着另一种优点。基于他的热情和年少轻狂，也基于他的职位，他比较亲切；毕竟他曾贵为部长，尽管权高位重，却懂得小事亦要严谨办理。因此，康德将这个世界一分为二，其动物性的部分在那些敏感的表象中散步；而就这一面而言，正如女性们已注意到的，几乎有如机器人。然而他的思想，却完全自由地在纯粹的观念世界中进行其他形式的散步。拥有另一种人生，这放纵无边的想法理应称为乌托邦，由于饥饿、干渴及这个低下世界的事务，我们从那个国度被打回现实。反观在歌德的作品中，一切反其道而行，你绝对找不到这些不切实际的观念；他整个思想脚踏实地；他活着并且思考，两件事合而为一。

我猜，康德的性格得回归到脾气层面，所以他会想到把全然偏颇的思想称为病态。这就是为什么他会对弟弟实践那种倔强又疏离的修炼。一个这样的人会自我修正，不若歌德会自我拯救。他的思想不排拒自然天性，然而他会纠正之，且名副其实地不负"纠正"这个强烈的用词。因此，在这样的人生中，完全没有制式化的篇章落人口实，批评这孩子没教养——这又是个贴切的字眼。伟大的心灵有两种，一种远离，一种回头。马可·奥勒留并不轻视皇帝这份职业；但是，即使他因此务实，就某种意义而言，他仍是一名僧侣，且蔑视自己所有的心情起伏，将情绪淹没沉底。这正是缺乏性格。至于另外那种性格，来自功能、典仪以及我们扮演着的某个角色、具一席之地的集体行动，应该称之为个体性，以便提醒世人：个体由社会用相互关联的方式来定义。精确地说，以宫廷长袍和教廷披肩的拖曳来调节行动的，是一套礼服。而歌德穿上这么一套礼服，恰如其分地制伏了不耐、害羞甚至烦躁等脾气。

个体只不过是一个人的一半。当这种独特的脾气以性格之称被纳入各种思想中，应该称之为诗，或者奇想。想象不断制造随心所欲的表现，比如将一件事疯狂牵连到另一件天差地远的事情上，或者像那些谐音，以及那些起初只是击鼓游戏的节奏也是。心不在焉的思想家用指尖和整副躯体咚咚敲响，但毫不谨慎专注；诗人的本质是吟唱出音乐，而那其实是各种击鼓组合的思想。这是野性的想法，却真实且强烈，而我们所有想法皆由此而来。迷信则永远是在为偶发的关联寻找意义。思想背后几乎藏着这种稚气的想法。唯有诗人能引渡，将最偶然的和最理性的调和在一起。灵感从来只是一种对动物天性的英雄式信任，仿佛世界上的千万种杂响及纷落在身上的雨，皆与最理性的部分合而为一。于是，理性得以巩固成形，相对地，这个世界得以工整美丽。所以，就某种方式来看，诗类似西比尔女巫和无辜者们预言式的疯狂，但那是一种得到救赎的疯狂，是一段被拯救的童年。从宗教到科学，这段漫长的过程中标记着我们所有的想法，亦即所有诗人的意念。从过去到未来，诗性画出这道过程的曲折起伏，让我们与这个世界和解。

1924年3月

70

放下武器之人才是自由之人。

歌德与席勒之间美好的友谊

歌德与席勒（Schiller）[1]之间美好的友谊从两人的书信往来可见一斑。他们彼此给予对方的唯一援助是互相期待的天性，那就是肯定对方，并只要求他保有自我。尊重人的原貌不是难事，本来就应如此；但希望他们保持原貌，那才是真正的爱。所以，这两个人各自推展自己爱探究钻研的本性，至少共同看见了这一点：差异是美妙的，价值的排序方式并非从一朵玫瑰到一匹马，而是一朵玫瑰到一朵漂亮的玫瑰、一匹马到一匹骏马。人们常说，不该为品位争吵；如果一人

---

[1] 弗里德里希·席勒（Friedrich Schiller，1759—1805），德国诗人。

喜欢玫瑰而另一人喜欢的是马,的确不该争吵;但若关乎一朵漂亮的玫瑰或一匹骏马,那么争论是可能的,而达成共识也是可能的;然而这些例子仍显抽象,尽管方向已经正确。因为,那样的人们仍是族类中的奴隶,或是我们的奴隶或我们需求的奴隶。没有人会辩护音乐比绘画好,但会为了原画和仿冒品进行有意义的争论;因为原画中蕴含的是自由天性的表现,凭自身的资质发展;赝品则藏着奴隶的伤痕,用外人的创意发展。我们这两位诗人在各自的笔下应能感受到这些差异。令人赞叹的是,他们之间常往来议论,深谈完美与理想,却从来不曾迷失各自的才华。两人互给建议,而那无异于言明:"换作是我的话,我会这样做。"但同时他们又都懂得表示那意见对对方其实不痛不痒。而接收意见的那位,断然将意见退回,坚决地透过自己的路径去追寻,以此回应。

  我猜,幸福让诗人和各类艺术家警觉到自己之所能与所不能;因为,幸福,如亚里士多德所言,是强大力量的表现。但我认为,这条准则对所有人都适用。世界上唯有无聊烦恼的人最可畏。所谓凶恶的人都是因此而怨气横生,并非因为他们人坏所以容易生气,而这种如影随形的烦厌显示出他们根本没能做到尽善尽美,结果行动时所依据的皆是盲目且制式化的理由。除此之外,世界上也许只有狂怒的疯子会同时流露出最深的不幸和最单纯的恶意。尽管如此，在我们形容为凶恶的人们身上，跟在我们每个人身上一样，我发现某种迷失与制式化的特质，同时亦出现奴隶的愤怒。相反地，怀着幸福感做的事都很美好。艺术作品即是清楚的见证。人们会斩钉截铁地说自己幸福快乐。不过所有善行本身都美好，且让人容光焕发。而无论在何处，对于漂亮的脸孔，人们从来没有任何畏惧。因此我推测，完美与完美从不互相为难，不完美或缺陷则互相争斗。恐惧即是其中一个明显的例子。这就是为什么奴役束缚的方法是暴君的手段也是懦夫的手段，在我看来基本上永远疯狂，简直是所有疯狂行为之母。解开枷锁，释放捆绑，别害怕。放下武器之人才是自由之人。

1923年9月23日

71

人不为他所欠缺的事物生活,他生命中的宝藏、那珍贵且独特的成就,该由自己去找出来。

斯宾诺莎说:"我们在交谈的时候……"

斯宾诺莎说:"我们在交谈的时候,要避免描述人的缺陷及其奴性,否则就是要表达得非常简单扼要。关于长处,即关于能力,则尽可能激昂,这并非出于恐惧和反感,而是源于喜悦。"这段美好的文字可用来传道。贬低他人很容易,赞美则神圣高贵。愤世嫉俗是一种病,而批判本身也带有愤世嫉俗的色彩;但我将诋毁之心视为一种巨大错误,未被这项批判击溃。起初我不理解莫里哀(Molière)[1]的巧妙安排,尤

---

[1] 莫里哀(Molière,1622—1673),法国剧作家,以喜剧闻名。

其不解那个不懂得爱人的愤世者。赛莉麦娜（Célimène）[1]坚持做自己，并依此过生活。她克服困难，为了达到希冀的地位而奋斗，她的努力比人们所想的更有价值，只是她没说出口，因为她不知道该怎么说；不过，她期待人们猜得到。阿尔塞斯特（Alceste）不是能够肯定她本色的人，他只看见她所缺乏的。爱是支持，应是让所爱之人尽情发挥最好的部分。这种英雄式的情感应表现为喜悦。阿尔塞斯特一开始就错了。

一天，一名急躁的阿尔塞斯特来找我，一开口便对我说："这个世界到处都是无耻之徒！"我回他："对，不过也都是些正直的家伙！"他同意了。其实他们是同一种人。对于霍布斯（Hobbes）[2]众所周知的公理——"对人来说，人就是一匹狼"——斯宾诺莎回应："对人来说，人是一位神。"但的确，这位神明被厚重的乌云遮蔽。"多么困难！要对某个人满意是多么地困难！"拉布吕耶尔（La Bruyère）[3]如是说。如果你想为自己来点

---

[1] 莫里哀名剧《恨世者》的女主角，厌恶社会虚伪的男主角阿尔塞斯特所爱上的年轻寡妇，她美丽、聪明、虚荣又虚伪。

[2] 托马斯·霍布斯（Thomas Hobbes, 1588—1679），英国政治哲学家。他于1651年出版的《利维坦》一书，为往后的西方政治哲学发展奠定根基。

[3] 让·德·拉布吕耶尔（Jean de La Bruyère, 1645—1696），法国哲学家、作家。知名著作《品格论》(*Les Caractères ou les Mœurs de ce siècle*) 描写十七世纪法国宫廷人士，深刻洞察人生。

有益的相关练习，我建议你读两本书，内容可说是极其枯燥无趣，但其丰富的内容值得让这两本书博得好名声。一是《新爱洛伊丝》(*Julie, ou la nouvelle Hlaoïse*)[1]，另一是《威廉·迈斯特》(*Wilhelm Meisters*)[2]。若你誓言要喜欢这两部作品，你将轻易找到许多喜欢它们的理由，否则便无济于事。要先付出足够的意愿，收获之前必须先付出，只要付出一次，便能在你阅读所有书的时候帮助你。如果你能像阅读书一样，阅读每个人，那你值得特地前往维特尔(Vittel)或卡罗维瓦利(Carlsbad)等温泉乡度疗养假，因为我们的各种病里多藏有心机。

这件事，每个人都感觉得到，也体验得到。但这个观念的根源在哪里？就在于每个人正向的一面都是善美的，而他的缺点并非一律出自他的本意。这是斯宾诺莎从上帝那儿获得的观念；但是，即使不绕这一大圈，我们仍可以明白：人不为他所欠缺的事物生活，他生命中的宝藏、那珍贵且独特的成就，该由自己去找出来。如果他生气了，那不是他的缘故，而是这个世界攻击他，是像人们说的，有只苍蝇叮他。

---

[1] 《新爱洛伊丝》是卢梭的书信体小说，于1761年出版。小说标题隐射中世纪禁书《爱洛伊丝》以及阿伯拉关于基督徒的激情与克制的故事。
[2] 全名为《威廉·迈斯特的学习时代》(*Wilhelm Meisters Lehrjahre*)，歌德于1796年出版的著作，属于成长小说。

由于这个世界不缺苍蝇，那活生生的雕像也不乏愁眉苦脸。但那张苦脸也不是他的本意；换个方式说：他所做的只是等死。同样是斯宾诺莎，他也曾写道："人只会被他陌生的因素摧毁。"只是，由于所有人都在挣扎冒险，该由我们自己透过这些表面去厘清并看清那张真正的脸，或说灵魂，如斯宾诺莎定义的身体观念。我稍微随着这条陡峭的道路走了一段，却不无报偿，可供那些因为过度思考而与他人，甚至自己过不去的人参考。重要的是越过它；而我只会说，犹如是在对田径选手说似的："没有人能帮你跨过去。"

不过，最近我观察到，一旦获得认可，人们其实很懂得实时赞美。他们直接扑上去，仿佛被一阵风吸卷过去。他们拼凑出一个伟大的人，高高举起他。只要他活着的一天，都很辛苦，尤其如果近距离看他，便可看见他种种不满的莫名苦脸。但是等他死了之后，传奇自然形成，人们根本不在乎史实如何。实情何在？我愿意认同在追寻的路上必须自己帮自己。毕竟有些事物的实情贬低了人，但是事物的实情并非人的实情；而人的实情，才应该被高高举起。

1931年2月21日

72

没有人需要他人的完美性,也根本用不着。反之,人人必须转化自己身上所发现的障碍,尽可能追求属于自身的完美。

我刻意不思考种族问题

我刻意不思考种族问题。这类思考中有些不公且辱人的成分,例如决定一个人聪明与否、虚荣与否、勇敢与否。这个问题引人深思,但人们应该学会抗拒才对。不是因为我拒绝去看差异,相反地,我认为我看见了,不过是从更接近我的人们身上看见,也就是我的同类、我的朋友们;我因而欣赏差异,丝毫不视之为优点或缺点。一个身长六尺的男人伸长手臂,取得书架上最高一层的书;这是一个矮小的男人做不到的,但他可以搬梯子来。矮小的男人有其他优点,对一匹马或一艘小舟来说,他的负荷没有那么重且相对轻。当发明的才能逐渐胜过身体的力量,一切扯平,无须消弭差异。

聪明的道路不止一条。有人近视，但他因而更仔细观察。一个肥胖的人做决定比较不急躁，但他也流露出较多奸巧。有些人组织安排的手法优越，结果却很粗糙；另外有些人天生是诗人或音乐家，但正如人们所形容的，有这般天赋反而不怎么聪明。不过，这些说法都太简略。在飘忽的才情与隐喻的才情之间，一切难以断定。一种个性活跃，因而出错，另一种抑制情感却也因而出错；不过任何状况皆能补救。没有任何缺点不能变为优点；认为所有事情都很简单的人，通常没有一件事做得好。对天性自傲并过度信赖的人离愚蠢不远。君不见，许多才智优秀的性灵在艰难时期反而离奇地茫然迷惘？根据未来可塑性、迹象和天分来断定一个人有多少能耐，那是一种自命不凡的乐趣，我敬而远之。

有一种精神企图无懈可击地符合公平公正这美丽的字眼，倾向思考亚里士多德这句惊人的话语："我知道，一个人的长处仅属于他，且不可能从他身上夺走。"斯宾诺莎则以另一种方式表达：人根本不需要完美的马。根据这种想法，我发现没有人需要他人的完美性，也根本用不着。反之，人人必须转化自己身上所发现的障碍，尽可能追求属于自身的完美。腿长的击剑选手伸展肢体，腿短的则灵活跳跃。谁的击中率较高？依我说：这不仅是腿和胳膊的问题，也是苦练、勇气和自信的问题。而在智商、判断、发明方面，有多么的千变万化？让两个男人分别尽情发展自己的能力，如以前的柏拉图和亚里士多德；于是，各自力求完美这件事促使两人有了差异。若你有足够的胆量，请说出他们两位谁比较优秀。

还是别那么大胆吧！毕竟我们尚未穷究所有教导和学习。无论是哪一种人，都必须用最至上的称谓对待他，并且不厌其烦。对于自己的缺点，以及自己所累积起的、行事之际不可或缺的信用，如果对这些具备最基本的了解，就无法不再多尽一点力。而这正是教会称为慈善的态度；要求所有人做到这种程度的美德很难，但是，黑眼珠和蓝眼珠、金发和棕发、黑人和白人，以及最原始的，自己和他人，人们应该永远无视这类差异。由此，宽大慷慨是当仁不让的特质，但聪明机智也提供了协助；它未抹除差异，反而更仔细地观察实际条件和结构，争取差异存在的权利及合理性。其实，抽象模糊才经常凶恶且愚蠢。

1927年10月23日

73

> 就某方面来看，心智是最基本的价值，所有价值都拱它为王，因为它铁面无私，透过它，所有的价值才能获得认可。

孔德对于三种人类种族的看法

孔德对于三种人类种族的看法值得深思。每个人都能根据智商、行动力或易感性，在自己周遭区分出三种人，由此我们区分出积极的黄种人族群、聪明的白种人族群，以及感性又热情的黑人族群。然而，这些差异应当被视为附属价值。由于爱、恨、嫉妒、热衷、期望、后悔、喜悦和哀愁这些情感，在各种原因及所有人的发展作用下，都是一样的，无论是黑人、白人或黄种人；由于行动的法则、风俗、习惯、生活技能、工作、毅力，无论在黄种人、黑人或白人身上都是一样的；同样地，聪明才智在每个人身上也是一样的：几何学是一样的，天文学是一样的；我们一眼就能辨别。对我来说，我可以毫不费力地在这多种肤色中认出我的同类弟兄。这正是一旦注意到个人身边的各种差异就能确认的事。因为，想在成果以外寻找战利品，这种可称为黄种人专属的专注能力，也可在不止一张白人脸上发现，而黑人忠实的美丽眼神亦然。聪明机智主宰每一种人，无论是构想行动或反思激情。不应断言白人中常见的聪明类型比其他种族优越。这些问题，就像其他那些追究棕发好还是金发好、农民好还是都市人好、诗人好还是会计好的发问一样，毫无意义。每个人都有属于自己的完美境界，那必须由他自己去实现。暴君性质的灵魂追寻着他们自身的镜子，对德国人和黑人一样排斥；他们假造种族分类，以蔑视他人度日。我完全没有这种病，我喜欢差异性与多样性。

我观察到，在年纪尚轻的黑人身上，只需很轻微的理由，即能引发一种惊人的暴力与深层的愤怒，但持续不久；信任、亲善、感恩的心很快就伴随童稚的笑容恢复。我在他们身上发现一种了解和牢记的天赋，但他们并非完全没有精神力量，虽说在整个种族里极为少见。我很清楚个中原因：他们没有那种不左右想法的客观好奇心。但我觉得，我们这种偏好思考而非直接喜爱的为人模式，比起另一个种族，对于和谐文化的需求亦不少，却总把仍带有野蛮气息的另一种族群视为怪物。如果黄种人教会我们行动，黑人教会我们忠诚，而我们教会全世界的人数学，哪种人会从这些互惠交易中得利？那将是所有种族全盘皆赢的局面。要讲求人性，想必需要三个种族的合作。

曾用过黑奴的人们描述了许多美好的行为。黑人保姆疼爱婴孩，且视如己出；命运悲惨的她仍忠心耿耿，无怨无悔，甚至可说满怀幸福；这样的例子屡见不鲜。如此慷慨的心灵注重一幅肖像，或其他某样无价的纪念物，对金钱却不屑一顾，亦是十分普遍的情况，而在我们的国度，这几乎是不可思议的事。在我们这里，谨慎为上，永远压抑心意，无论扮演的是什么喜剧。根据这些过度简化的公式，我们却差不多已经决定好两者之间谁是主人谁是奴隶。如果我们也仔细思量愤怒有多么近似爱，注意到忠诚在报复行为中的角色，也许便能了解：世界上第一个警察单位无论如何皆属于冷血的白种人。就某方面来看，心智是最基本的价值，所有价值都拱它为王，因为它铁面无私，透过它，所有的价值才能获得认可。

1921年9月19日

74

符合人体模式的运动永远能稍微改变这副形体，而这种改变足以取长补短。

滴水嘴怪兽的长相

滴水嘴怪兽[1]的长相像人，借此吓人。希腊神明长得像人，借此安慰我们所有人。这是两种本质上的模仿，两者都是真的。怪物用它的方式表达人体是动物，神明则代表一副会思考的躯体。一种鼓励我们挑战自我，而人的确应该自我挑战；另一种鼓励我们信赖他人，而人的确应该彼此信赖。这是两种模式，一种是不受管控的表达，另一种则是管理之下的表现。一边说的是被遗弃的躯壳，另一边则是透过音乐

---

[1] 巴黎圣母院建筑上的雨漏设备，主要是为了排水而设计的雕饰，以各种不同的怪兽造型呈现，属于歌特式建筑风格。

和运动锻炼恢复的身体。一种是分离的灵魂，而对另一种来说，则是经过和解的灵魂。

动物腮帮子上的鼻子，正如黑格尔所言，是为了辅助嘴巴。这套系统双管齐下，功用在于闻嗅、夺咬和摧毁，犹如扮演使节打先锋，额头和眼睛缩在后面。所以太平时代的雕像师完美设计出他们的神，面部结构为鼻梁悬突并与嘴巴分开。关于嘴巴，黑格尔指出，有两种动作透过嘴型表达，一种是语言咬字，那是意志型运动，另一种容我称之为肠胃型运动，这需要内脏反射主导，或运动锻炼。在实际操作上，收缩而摆动的下巴、悬垂的嘴唇，立即呈现某种近似动物的轮廓。我因而推断：一副结构性的下巴，根据开合的力量大小形成肌肉，表现出主控的精神，而嘴里的无脊椎部分因而重新调整为强健的竞技模式，具表达能力的嘴型也始终为力大无穷的下巴支撑着。如同愿意传授本领的、最深厚的友谊获得力量加持。眼睛里闪耀的光芒是禁锢在躯体中的灵魂之语，仿佛被挪移到这些强大的形体中，正如任何有礼貌的行为都能导正从一只狗或一头羚羊的眼睛所抛出的暧昧信号。因此，英雄的大理石雕像能将它无声的教诲引导到很远的地方。

我很乐见其成，弟子回应。但如果我生下来便有骆驼的鼻子和突出的下巴，那该怎么办？针对这个问题，我会这么回答：一张构造正确的脸，乍看之下，总是出乎意料地较接近适当的比例；这来自各种动作、表现以及不寻常表情比形状本身更受注目，而夸张的漫画将动作固定在特定形状中，将这种精髓表现得淋漓尽致。但我也必须说，无法掌控长相的人，本身就轻松自成一幅夸饰画，媲美在一张正常面具刻画出欲望、讽刺或残酷。所以希腊雕像应该被视为动作派宗师。从那个形体中已然显现出另一个人、一个真人；但我也相信，符合人体模式的运动永远能稍微改变这副形体，而这种改变足以取长补短。不过，我反而观察到，有许多人被自己那张脸给蒙蔽了。

1923 年 5 月 16 日

激情

75

> 把所有贫瘠和欲望塞进肚子，那便是恐惧的部分。

智者、狮子、女蛇妖

　　智者、狮子、女蛇妖，全被缝死在一副皮囊里，这就是人，柏拉图如是说。蛇妖从不停止吃喝；最伟大的智者一天也要坐上桌享用三餐，一旦别人不拿食物给他，他立刻会去觅食，将其他一切抛诸脑后，无异于阴沟里的老鼠。于是，智者渴望大量收藏，唯恐匮乏。把所有贫瘠和欲望塞进肚子，那便是恐惧的部分。肚子上面一颗脑袋，造出一名屈辱的智者。他离身为一个人还有很远的路要走。在这类寓言中，狮子代表愤怒，或古时人们说的，暴躁的性情。我把它放在胸膛里，我的胃甲之下、心脏跳动之处。那属于好斗的部分、既愤慨又勇敢，两者兼具。有一句俗语令我想起心脏周围活跃着激动的情绪:"罗德里戈,你有心吗?"[1] 这可不是在问罗德里戈是否为弱者、贪婪或胆怯怕事。

这发现牵连甚远。人之所以可畏,倒并非出于欲望,而是源于愤怒。欲望愿意妥协,欲望进行交易。但你无法跟一个感觉被冒犯的人协商和解。在我看来,激动的情绪主要是冒犯所引起的。拒绝某种乐趣与否大可自己决定。恶习怪癖多的人多半不愿干扰他人,甚至也许基本上出自怯懦。但谁晓得拒绝乐趣也可能得罪人?恋人可能失望;那只不过是一种饥饿感,只不过是肚子在鸣咽。但万一情况荒谬可笑,悲剧便开始形成。自尊与愤怒同行。这种运作依恃的是头脑而非肚子。一个人毫不亚于另一个人,这种想法通常来自勇气,但也来自判断。所以智者与狮子应一致同意绝不忍受轻视。事实上,人可以不在意许多事。只是在拒绝共享的同时,其实也带有某种鄙视意味,而事情即由此崩坏。

在热烈的爱情中,娇俏的美女经常拒绝她得到的待遇,偶尔,她也需费一番功夫勾起他的欲望。对一个清心寡欲的男人,颁给他十字勋章或法兰西院士头衔,想办法勾起他的

---

[1] "Rodrigue, as-tu du coeur ?",十七世纪法国剧作家高乃依(Corneille)的名剧《熙德》(*Le Cid*)中的台词。

欲望，然后立刻收起诱饵。这正是长官偶尔会使出的媚术，属于赛莉麦娜式的欲擒故纵。这等于是双重侮辱，是轻视嘲笑。其中值得注意的，倒不是当初的承诺听来多么珍贵、愉快且美妙；或许比较类似于他恼羞成怒，因为他渴望她。于是狮子怒吼。

革命与战争是贫穷的女儿，这是颇为普遍的想法，但只有一半是真的。人们要提防的根本不是穷人，而是受辱和被冒犯的人。在需求的棍棒刺激下，至多养育出一头胆小的牲畜，有着偷鸡摸狗的念头，而非复仇的思想。其想法里净是吃完这餐再找下一餐。脑袋和肚子。热情要的是余裕，以及满腔热血。人们相信，饥饿会导致愤怒，但那是吃饱喝足之人的想法。事实上，极度的饥饿首先榨干的皆是奢侈的运作，第一个枯竭的即是愤怒。依我看来，缺乏睡眠的状况也差不多，这种需求或许比饥饿更冠冕堂皇。因此，愤怒当然不受欲望指使，与人们一厢情愿的想法不同。

我为什么要朝这个方向思考？这是因为柏拉图针对愤怒这个主题有些惊人的言论。他说，愤怒永远是脑袋的盟友，永远与肚子作对。起初我很排斥这种观念，如今，我发现许多发怒的状况皆有尊严受伤的问题；原来这种观念假设具有某种不公平之处，或许错怪或许有理，总之，一下子点燃了所有怒气。人需要许多事物，唯有稍微妥协才能控制欲望；这尚不足以解释激烈热情的由来。因为这种条件人人共有，没有侮辱任何人。工作绝不是屈辱。更甚者，能安然自在地什么也不做，并像个婴儿似的饭来张口，这样的人，一千个人里找不到一个。赚取温饱并不辛苦，甚至让人快乐。令人恼怒的是，想到那份高薪竟然不能像猎到一只野兔那样单纯，仅凭工作上的表现获得，还得仰赖某人的意愿和评价。权益的观念便藏在整个愤怒之中，柏拉图所言并非无稽之谈。

在此应了解的重点在于，愤怒仍属一种秩序原则，我们可立即看出愤怒的内在有一种矛盾。错误的出现在于打算凭愤怒解决事情，并认为愤怒的理由是对的，对于它常用的手段掉以轻心。这就是为什么，无论拟订什么样的和平计划，战争仍然重现：其形成主因就藏在以某种表面权益来支持的愤怒里。

1926年2月15日

76

> 所有的不理性都来自怯懦、贪婪、饥饿的肚子。

柏拉图并非全然神秘

柏拉图并非全然神秘深奥。他提出的那种由头、胸和肚子三部分所组成的人,常在我面前出现,例如那些几乎没有胸膛也没有肌肉的强大头脑,例如那些圆滚滚的大胃王,以及那些充其量是音箱,高声宣诵自得其乐、声如洪钟的人。根据这种结构,我已经猜测到每个人的缺点。医生则蔑视这些意象,认为过于简单;但我目睹一群医生迷失在人类的世界中,无法掌握,无法诊断,也无法打针,因为缺乏适当分类。毕竟他们想描述的人几乎总是只有头和肚子。他们注重掌控大局的理智,请理解为已证实的知识、确切的感受以及有智慧的准则。他们也注重欲望和需求,像荷马史诗中那名乞丐所说的，顺从那个永远吃不饱的肚子，而且从此处催生激情、恐惧、愤怒、欲望、爱、恨、报复之心，以及这类有一大部分皆属病态的情绪。所以，所有的不理性都来自怯懦、贪婪、饥饿的肚子。柏拉图驳斥这个想法，开玩笑似的说爱是富与穷所生下的结晶。这应能提醒我们，世界被傲慢的权势及愤怒搅和得天翻地覆，需求这个动机对我们来说成效不彰，也不是衍生出我们所有意见的始祖。如果说在马克思主义的分析中有任何不完整之处，顺道一提，我认为这学说精准且强大，但正如过去的人们常说的，对于暴躁和欲念的区分不够清楚。

如果在应该谨慎掌控的事物上，能够区别源自贫穷匮乏的需求和胃口，以及相反的，从财富累积而得的狂怒激动，那真是一道灿烂亮光。政策因而怀疑什么都欠缺的那些人并不是最可畏的，而悲惨的不幸者，应有那么多理由大胆振作，却毫无鼓起勇气的力量。此外，这类以需求为主的野心很容易管控，一如故事里常见的，对付紧追不舍的狼群索性把食物丢给它们，遇见挡路的强盗就留下金币；以这种方式将族群分类并加以统治便万无一失。且我还经常发现，过度的不公平并不能终结不公平。

愤怒，发作在一个强健且活力充沛的人身上，情况就可怕得多；而这些在胸腔中鼓噪，在心脏周围沸腾的冲动，也是最难管控的。首先，基于消耗的需求，人会为了一点小事便付诸行动，尤其是在牵动或冲动法则作用下，行动令人跃跃欲试，唤醒整副身体，鼓动肌肉，刺激心脏，如雪崩般加速。看看一场怒气如何升高，为什么膨胀；喂养它的正是它自己。如同一堆干草，星星之火，足以燎尽；因为一如他人所言，燃烧是它的目的。这份能量被中止，随时可用，且不安定。因此行动鞭策人，激怒他，以致他为呐喊而喊，为打而打。这即是征服这种热情的起源；驱使人去追逐野兔，尽管那兔子对他来说没有用，甚至就像他人说的，送给他，他也不要。这类野心不是随便丢根骨头便能安抚，唯有倦累了才肯罢休。征服性的爱亦然，从不衡量付出与收获，反而在遇到挣扎和障碍时燃烧得更旺盛。同样地，节制行动、只求温饱的猎人和狂野兴奋、陶醉于消耗体力的猎人大不相同。战争亦然，是无聊烦厌和权势的女儿，根本不是需求与欲望的结晶。

1930年1月

77

> 挑衅、轻视、不耐烦、侮辱、蓄势待发、示意表态、拳头紧握，表现出这些态度不是为了方便拿取，而是为能随时出拳。意在求胜，而非获利。

当人们跟我说，利益是挑起战争主要的原因

当人们跟我说，利益是挑起战争的主要原因，或者用比较有野心的口气诠释，是经济的力量促使各族群互相对立，我很快便认出一种普遍流传的观念；那就像一枚历经交易换手的旧硬币，因为旧，人们才愿意接受。不过，我一开始检视这样的观念，就能评断这观念立论薄弱、不切实际。我看着从世界各国和各时代搜集到的证明蜂拥而至，毫无用处，我甚至无心回应，已然为这庞大的主题压垮。如何证明不是几乎过度的工业发展促使德国发动战争？那么多人的说法和想法皆与我的意见相左；最糟的是，世上的人都那么相信，甚至认为那是事实的一部分。如果所有的或几乎所有的人皆

相信，经济扩张只可能透过打胜仗来实现，那事情会变成好像他们所相信的就是真的那样。人云亦云是罪魁祸首。然而，我仍坚持发动战争这件事丝毫没有经济因素。坚定的信念可以导致另一种诠释事情的方式，不过我必须好好说明才行。

因此，我仿效柏拉图，构思出一个人，他的构造跟我们一样：头、胸部和肚子。在这个组合品中，我寻找的是自然地维持和平，或作战，或进行贸易。关于头脑这个领导的局部，今天我什么也不多做介绍，顶多就是我觉得它并不支持战争，但会随波逐流。听大家的说法，没有人想要战争；我相信这是每个人的真心话。所以我寻找某种比头脑更强大的部分，能随心所欲地左右它。肚子要求很高，其主要诉求是进食，延迟一刻也不能忍受。赚取和消费在所难免，如果可以的话，最好通过工作和交易的方式；要是没有别的办法，就要通过暴力杀人抢劫的方式。所以就是要开战了？一点也不。这种偷盗掠夺一点也不是战争。在这个我想评量的个体身上，这场受饥饿、贪婪、觊觎、恐惧贫乏刺激而发动的无情猎食，我无法称之为战争。一个盗匪完全称不上战士。他伤害他人是为了自保。如果在需求造反这种有可能发生的时刻里，我评估中的这个人只有肚子愿意行动，脑袋只跟从和提意见，那他可完全不是个战士。所谓战士要下定决心，宁死不退。饥肠辘辘的动物很愿意冒险，但当然抵不过比它强大的力量。战争的起因完全不在于此。人们常说，战争的起因在于饥寒起盗心之类的兽性，但我一点也不相信。

我找到一个更好的战士，那就是胸膛。愤怒不是贫穷的产物，而是富贵之女，它正盘踞在此。当这个人精神抖擞、衣食无虞，愤怒起来更令人生畏。无可发泄的力量从此处喧嚣了起来，自动增强，开始之后又愈发懊恼。因为，一旦形成威胁，那就有理由动手；一旦动手，就有理由打得更用力；更直接的形容是，事关输赢。野心、抱负、激动、狂怒。倒不是缺乏某种东西的信号，而是某种东西过剩，需要宣泄的征兆。战士既不瘦也不饿，而是吃饱喝足、血气方刚、养精蓄锐，陶醉于自身的强大。挑衅、轻视、不耐烦、侮辱、蓄势待发、示意表态、拳头紧握，表现出这些态度不是为了方便拿取，而是为能随时出拳。意在求胜，而非获利。特别气血上涌，仿佛鞭策马匹的骑士，但战士鞭策的是他自己。挥打、破坏。伤害他人和自己，不抱希望，没有贪念亦无算计。至死方休。于是我设定的那个无脑之人出手攻击，并非因为他缺乏什么，而是因为他拥有太多。贪婪的人互斗，一滴血也不会流。

1921年5月26日

78

> 这种政治即兴发想,仿佛是为了致使囫囵吞枣的读者迷失方向。因为柏拉图总是小心提防,宁愿不被所有人了解,也不要被误解。

柏拉图的解读能力总令我惊讶

柏拉图的解读能力总令我惊讶;他穿透人体,直到看穿我们最秘密的想法。他大概属于那种极少数的人,气血充足,永远吃不饱的肚子上方是易怒的胸膛,最上面长着一颗强大的脑袋,能应付乐趣、野心和智识合一的三重经验。于是,世间的凡夫俗子都如一只只皮囊被他翻转,倒出的内容全摊在那片黄昏的草原上,在那里,游子的灵魂寻觅着命运。他亲口说了,全都说了:一个我称之为胸腔型的人,或如他所说的,勋阀阶级者身穿野心和骄傲的盔甲,却因为没有脑,完全无法判断自己这种无脑的品德。而财阀阶级之人更加无能,害怕宣泄之恐惧凌驾智慧之上。这两类人在我们之中漫步；恼怒的胸膛产生意见，未雨绸缪又容易担忧的肚子也一样。心的思考，胃的思考，在它们的立场和程度上，大致是实际的，但对谁而言实际？这即是柏拉图这位肩膀宽阔的人，从发生在他个人理想国的骚乱中所观察到的蚁群。但可曾有谁注意到，柏拉图的理想国主要讨论的是每个人内在的管控？

这种政治即兴发想，仿佛是为了致使囫囵吞枣的读者迷失方向。因为柏拉图总是小心提防，宁愿不被所有人了解，也不要被误解。关于民主政治的状态，他所写的是一篇尖锐的抨击文，而暴君政治的那一段则是一页美丽的理论历史，取材自实际的历史，且通常已经过查证。然而，苦涩的真相出现在这幅民主治理下之个体的画面中，其道理在于所有欲望享有同等的权利，于是促成一种美德，甚至一种思想，而两者可能天差地远。在民主城邦的意象上，连驴子和小狗也诉求着某件事物，当然它们根本不知道自己到底要什么。所以，这些灵魂轻率不拘，任何音乐和画作、任何学说、任何工作和乐趣，他们都能拿来开玩笑。这种无政府心态并无恶意，这个人是个好孩子。

这种不羁的心灵在暴君独裁中掷下的政变是一场感人的悲剧。毕竟，由于受人敬重的准则或特权，甚至城堡，皆已荡然无存；博爱精神聚集各种欲望，引导分散的力量，这一年中最好的与最坏的一律接受，在呐喊和硝烟中夺下政权，将勇气和理智当成卑下的奴隶捆绑，令它们听从其旨意，要它们盖上荣耀与智慧的标章。这项反客为主的命令糟糕透顶。若这段浅浅的摘要能提醒你，人有一幅真正该有的画面，以及一位从不说谎的画家，那便已足够。

在这些尽管太少被阅读，但是众所皆知的篇章里，女人遭到遗忘。柏拉图这个旅人的灵魂丝毫没有任何女性的记忆。这颗强大的头脑对浮夸诱人和粉饰太平的想法不屑一顾。这份谨慎是最有力的思想家的共通点，使得我们对女性特质的认识完全不比对猎户座大星云多，我们需要一位女性柏拉图，让她来好好描述另一种与肚子的关系较紧密的胸部，另一种荣耀、另一种廉耻心和另一种数学。因为她的精神必然也被封锁在另外一副皮囊内，但那里面发生什么样的骚动，可能建立起哪种和平，我们知道得并不够。

更遑论，女人拥有一种强大的命令和指挥根本性，基于生育的机能，理所当然地，改变所有其他功用，将性灵降生世界。透过急迫的生产天职所得来的安定，想必将能在目前为止屈服于强权的人性风暴中，产生新意。

1922年4月4日

79

> 酸痛的肌肉就像布满灰尘的海绵,而锻炼肌肉就像清洗海绵,先用液体膨胀,再挤压好几次。

柏拉图医生

体操和音乐是柏拉图医生的两大治疗方式。体操意味着肌肉为自身而作的适度锻炼,为了伸展拉筋,并根据形状在内部施加按摩。酸痛的肌肉就像布满灰尘的海绵,而锻炼肌肉就像清洗海绵,先用液体膨胀,再挤压好几次。生理学家常说心脏是一块空心的肌肉,但既然包在肌肉中的脉络血管密集,透过收缩和舒张的作用互相挤压与扩张,或许也可说,每块肌肉都是一种海绵般的心脏,运动是它珍贵的资源,可以由意志来调节。因此我们看见那些做体操时完全控制不了肌肉的人,还有被形容为害羞的人,他们会觉得自己的血气失调,往软弱的部分窜,于是一下子没由来地脸红,一下子脑子里血压过高，临时极度兴奋；或一下子五脏六腑仿佛洪水泛滥，很多人都有这种不舒服的经验。而要治疗这些，规律的肌肉操练保证是最好的药方。这时候音乐派上用场，化为舞蹈老师，透过吱吱呀呀的提琴声，将血液循环调节到最佳状态。于是，如大家都知道的，舞蹈可治疗害羞症，但也能用另一种方法松弛心脏，适度延展肌肉，避免振动摇晃。

最近，有个饱受头痛之苦的人告诉我：靠着三餐进食时的咀嚼动作，头痛很快就好了。我对他说："所以应该像美国人那样，常嚼口香糖。"我不知道他是否真的尝试这么做。疼痛可以立刻把人逼进一些空幻的构想里：在感到疼痛的位置上，我们想象有一种病，一种奇幻的存在，钻进皮肤之下，使人想用巫术驱赶。在我们看来，一项规律的肌肉运动就能消灭疼痛这头折磨人的怪兽，这显得难以置信；但是，通常折磨人的怪兽，或任何类似的东西根本不存在，那都只是拙劣的比喻罢了。试着长时间用单脚站立，你会发现，想造成剧烈的疼痛并不需要巨大的改变，要使它消失也不需要巨大的改变。几乎无论何种状况，该做的是发明某种舞步。大家都晓得，能伸展肌肉和随意打呵欠是一种幸福，然而人们一点也不知道可以透过体操来尝试，借此实践这种自由自在的运动。失眠的人应该去模拟想睡的欲望及放松的幸福，但他们效法的却是不耐烦、焦躁和愤怒。这是骄傲的根源，骄傲自负总被过度惩罚。所以，在此借希波克拉底（Hippocrate）的帽子一戴，我试着去描述真正的适度观念，那是卫生观念的姊妹，体操与音乐之女。

1922年2月4日

80

> 爱是一种野心,看不起平凡小康,想透过另一方的力量获得肯定。

柏拉图开玩笑地说,爱情……

柏拉图开玩笑地说,爱情是富与贫的结晶,而他这是说了一件大事。每个人都看到爱情的悲剧,惊讶最平庸的赛莉麦娜竟能将一个高贵的男人耍得团团转,逼出疯狂的举动。但最可恶的是财富;所谓财富,我指的是高贵、掌控自我的能力、英雄的雄心以及爱情。如果人只因贫乏受苦,只消一个赛莉麦娜,病痛很快就会被治愈。但需求不是爱,欲望也不是爱。爱是一种野心,看不起平凡小康,想透过另一方的力量获得肯定。这就是为什么每个人都希望另一方高不可攀,且不断壮大他的气势,几乎不断地给予过高的评价,不愿见它低落。这造成人们永远稍显轻贱自己,并妒恨对手的外在优势，那是高高在上的另一方最不该注意到的部分。最糟的情况莫过于在自己想吸引的人身上发现软弱、奴性、依赖、盲目和愚蠢。因为我们愿意他弱，但只对我们自己示弱，而且是不受限制的弱。骑士与贵妇间的爱情游戏正是如此，介于牧羊女与赶牛郎之间。有几次，系着绿色缎带或法兰绒腰带的阿尔塞斯特睥睨蔑视一番之后便转身走人。他更经常想用征服那些他那么瞧不起的人事物这种简单的方式来安抚自己。但他又错了；一下子过度小看，一下子看得过重，一再受辱。于是他回过头来，回到黑暗面，像个有病的人，咀嚼奴性，品尝奴性。因此女人愈配不上，悲剧的结局愈好。我描述了男性的热情，而女性的热情看来可以同样的理由解释。这就是为什么，当看到一个可鄙的女人被爱到发狂，也完全不需要惊讶；那绝不是例外，而是规则。

在种种愤怒中，阿喀琉斯之怒赫赫有名，三千年来广为流传。他发怒并非因为失去了被他俘虏的美丽奴隶，对方再送给他另外二十个，也无法软化他。因为他最高傲的心灵受到冒犯、蔑视，他将自己变成了奴隶。也许正是他自己的怒气侮辱他最深。值得注意的是：他一开始的所有咒骂都回报到他身上，因为轻视自己所依赖的人毫无好处，那等于轻视自己。没有任何事物能抹除耻辱，杀人抹除不了任何事。他自己也很明白。假设现在是美丽的布里塞伊斯（Briséis）[1]本人自由了，还变成了王后，自己离开他身边，去当另一个人的奴隶，侮辱了他加冕给她的后冠；他一样会勃然大怒。所以，所有激情，在这微妙的一幕中同时出现：严厉无情的阿喀琉斯在帐篷中；从微微敞开的帐篷里，有人看见他正在弹齐特琴唱歌，借此驯服自己，一个时辰又一个时辰地，战胜那旺盛不倦的怒气。这期间，挚友[2]坐在他对面，凝思他捆绑自己之不可动摇的必要和意志。这样自由的形式、这首歌谣、这次休战、这骗人的假和平。那么多鲜血从这些弹奏音乐的指间流出，大批俘虏被屠杀，赫克托耳（Hector）被战车拖行，普里阿摩斯[3]（Priam）苦苦哀求，所有后果皆来自一场在沉默中反复酝酿出的冒犯冲突。盲目的复仇。而这一幕远远超出我们的智慧，因为如今的政治机制再度挑动民众激情并操弄控制，以达到自己的目的。

1922年11月4日

---

[1]《伊利亚特》中，特洛伊战争中，阿加门农抢走女俘布里塞伊斯引发阿喀琉斯之怒。

[2] 即帕特洛克罗斯（Patroclus）。

[3] 赫克托耳的父亲。

81

> 为好音乐鼓掌好于对坏音乐喝倒彩,更正确且更有效。

我在笛卡儿的思想中找到这个观念

我在笛卡儿的思想中找到这个观念:爱情对健康有益,恨则对健康有害。这个观念众所皆知,却不够熟悉。更坦白地说,人们根本不信这一套。若不是笛卡儿几乎和荷马或《圣经》一样不可亵玩,人们恐怕会狠狠嘲笑。然而,如果人们愿意转念,用爱去实践他们用恨实践的一切,在这些混杂了人、行动和成就的事物中,永远选择善与美的来爱,难道不也是一点小小的进步吗?而这正是打击丑恶最有力的方法。总之,为好音乐鼓掌好于对坏音乐喝倒彩,更正确且更有效。为什么?因为从生理的角度来看,爱是强大的,恨是弱小的;但情感激动的人对于别人所书写的激情本来就一个字也不肯信。

所以应该从原因去了解，而这些原因我也在笛卡儿的著作中找到。他说，我们最初的爱、最早的爱，若非来自那富含营养的血、那纯净的空气、和煦的温暖，总之，让新生儿成长的一切，那会是什么？我们是在生命最初的几年学会这爱的语言；首先，自身的爱，爱自己；并透过这个行为、这样的曲折、这迎来可口奶水，生殖器官的美妙调和，而表达爱。完全与第一次对好喝的汤点头赞同的心态一样。反之，观察孩子对太烫的汤说不时，他头部和身体的动作。同样是这个心态，胃、心脏、整个身体齐声对任何可能有损健康的食物说不，直到呕吐；用这最有力、最古老的方式，表达轻视、责怪和反感。这就是为什么，以荷马式的简单扼要表达方式，笛卡儿说，任何人怀抱恨意就等于违反了良好的消化。

这个令人赞叹的观念可以被扩大、吹嘘，且人们乐此不疲，完全看不到极限。第一首爱的礼赞即是对母奶的礼赞。每个婴孩的身体尽皆欢唱着，尽其所能地迎接、拥抱、汲取珍贵的滋养。而这股对吸吮的热衷，在生理上，是热衷在世上的第一个范例，真正的范例。谁不知道第一个亲吻就发生在襁褓中？他从未淡忘这最原始的敬爱。毕竟我们的表现应该要来自我们的身体。同时，诅咒的姿势则是肺部拒绝污浊毒气，胃部排斥酸臭腐奶，所有组织器官一起捍卫身体的古老姿势。噢，粗心的读书人，如果用恨来调味，你还期待能从饮食中得到什么好处？你在《论灵魂的激情》[1]中读到了什么？你的书店老板根本不知道那是什么，你的生理学家知道的也没有比较多。懂得阅读几乎就是一切。

           1924年1月21日

---

[1] 笛卡儿生前最后的著作，集结整理他与波希米亚公主六年间书信往来的讨论，讲述身体、情绪、灵魂三者的关系。

> 生理运动仍如此与最初的爱与恨紧紧相连，由于惯性力量，仍与所有的爱恨相连，即使是政治、道德或宗教方面的对象。

笛卡儿最早懂得说爱情有益健康

笛卡儿最早懂得说爱情有益健康，反之，恨这种激烈的情感则是一种病。《论灵魂的激情》读来获益良多，但必须有点程度的解剖学和生理学细节则稍显困难。首先在此大致介绍引导笛卡儿研究探索的惊人新观念。我们在长大成人以前是孩子，保有最初的爱与恨。然而，小小的婴孩尚不懂人事，除了好吃的食物，还能爱什么？除了难吃的食物，又能恨什么？因此，与其透过姿势和话语来呼唤他所爱的事物，与其用同样的方式去推拒他所恨的东西，他不如从更基本的地方开始，可说是透过内在的姿势，轻松并自信地在存活运动中迎接有益的精华，加速养分吸收及成长。相反地，面对有害物质，例如腐坏的食物或瘴疠之气，他可说会自我封闭，甚至猛力作呕挛缩，延迟生存速度，几乎暂停。

渐渐地，他学会认识事物和生命，也会去爱或恨一些与存活机能没有直接关联的对象，但渴望与抗拒的习惯已然养成。生理运动仍如此与最初的爱与恨紧紧相连，由于惯性力量，仍与所有的爱恨相连，即使是政治、道德或宗教方面的对象。

的确，对人类来说，爱的层面不同于觉得呼吸更自由、消化更好、感受更准，然而这一切是最初的开端。而恨，当关乎的是痛恨不公平或恶人恶事，其中最重要且深刻的，永远是抑制存活欲望。请深思，这个观念值得深思。所有表现，所有举动，还有恨与怒之间的上千种关联，让我们感受如此强烈，更加重恼怒的程度；这一切在证明它。这些悲哀的激情就是这样牵连出来的，而我们却将这种悲哀算在敌人身上。另外，无论对象为何，即使是对上帝之爱也一样，在最细微的运动中，甚至只是在爱的气息中，皆能立即感受到一种奔放解脱的生命力，总之有一份欣快、自在与感恩的心情。

由此出发，爱让人甘愿配合所有条件，恨则较难。但要如何做到？针对这一点，笛卡儿的准则是，通常在恨意驱使下所做出的行动，也可能是爱所造成的结果。这其实是婉转地说最好以爱行善，而不要用恨行恶；但这个准则并不容易沿用到一些特例上。这里有个简单的例子。养育孩子时，与其只在意他表现出的弱点、浅薄、草率，总之各种缺点，不如仔细思考自己做了什么好的示范，教养会比较成功。另一个例子，如果你是小提琴教师，只要注意准确或几乎准确的音，忘了那些拉错的音吧！请注意，这条规则其实是仁慈的法则。不过，要在范围辽阔的仁慈中发现这一点，需要许多年。

有个较简单的定律相对容易取得，且比想象中的有效，那就是养成多行善举的心。首先，从手和脸开始，戒断表达刚萌生之怒气的举动；比方说，握紧拳头、咬牙、皱眉等。这只是礼貌而已；但对于一直伴随着爱恨起伏的内心世界来说，礼貌很重要，影响很深。因为，在人体这个单位中，一个部分与另一个部分持续沟通，外在有改变，内在不可能没有。于是，出现一门用善待他人来保养肝脏和肠胃的医学。愿人们评估可能是真心的善意，即使当成养生之道也好。这其实无异于人们对生气的孩子说："哇！他生气的样子好丑啊！"记住这项准则：心情由行为举动来管控。所以，随时力求礼貌才是明智之举。

1927年4月25日

83

让人恐惧的不是死亡本身，反而是恐惧造成恐惧。

奴性伤人的原因仅在于强大的心智

奴性伤人的原因仅在于强大的心智感到自由，自尊因而受损。这个想法绝不向任何事物屈服，除非是自己的决定。所有激情皆自这项挣扎中茁壮，终于由纯粹的情感取胜。并非没有回避和狡猾心态，想法自然地契合某一类修道院建筑；与柱顶挑檐、柱廊或斜顶一样自然，因为宗教中也有人的形式。

帕斯卡，如此一位大哲，却曾经完全无法抵抗，任由马匹拉着跑，马车悬空，差点掉进河里，据说结果留下病态的恐惧，总看见身边出现无底深渊。我们必须了解，这样的经验对一位习惯自律、直率、迅速思考的哲人来说可能代表着什么。那是一种耻辱、愤怒,因为自重所以自卑;更严重的是,那是一道难题,比圆锥或三角函数更难解一些。于是,他寻找所有身体作用在心智上的痕迹,将一切放大、加深,就连最浅最淡的也不放过。我们应当了解,让人恐惧的不是死亡本身,反而是恐惧造成恐惧。这令人恼怒的奴性,处处可见。

他不能就此罢手。必须跨过障碍,得到百分之百的佐证支持,如此一来,就连恐惧与失望也受到认可。所有恋爱中的人都曾尝试过这种自我解脱,透过誓约也大多做到了,而那等于选择为奴。但在此,问题涵盖得更广,因为那是情感上的撞击,而且渗入思想,揭发一种更私密、更根深蒂固的奴性。必须愿意为奴,也就是选择奴性,知道喜欢这么做。所有充满激情的人都会自然而然地产生这样的动机:"我可以付出更多。"因此,蒂雷纳子爵冲向危险,因为他感受到恐惧。但要子爵当僧侣,想必他的想象力不够丰富。于是,另一人,他寻找自己的方程式。这样的不幸不可能不铸成大错。于是他去寻找错误,评断同类。但如果理智被保留下来,那是因为救赎有希望。灵魂丧失了,因为他忘记自我。他在计算机、在双轮车,在这类娱乐物品上忘了自我。看看证据吧!根本毫无证据可言;大哲如此相信。他相信这些没有价值的东西只是为了好玩，我们该把他拉回来；他必须信才能获得救赎。如果只是为了建造强梁，大哲有能力发明根本不存在的直角和曲线；那么，倘若他无法提出能完全救赎他的假设，岂不太荒谬？因此，从内疚到后悔，那是整篇安慰的文章；帕斯卡因而创造了杨森主义。

其实他的杨森主义来自教育，比方说他周遭的一切。其他人创造捍卫自尊以避免愤怒，创造屈辱以避免轻视。乔布·福兰特（Job Forant）[1]的控告中生出了希望，而最没有证据的希望能再透过誓盟之爱再度得以幸免。这类哲人蔑视挡在思想权前面的那种事先策划好的权利。说真的，如果相信观念的表征如同观念本身，那等于是偶像崇拜。表征即是主体，对主体是好的。因此苏格拉底要痛快饮下毒芹。偶像崇拜因而被超越也被保存。古代人是几何学者，今人则比较像代数学者；但对双方而言，抛物线还是抛物线。

1924年4月22日

---

[1] 十七世纪法国海军军官、新教徒。

> 84
>
> 没有比为了和平反对战争而发怒更疯狂的事了。

一口气访遍《伊利亚特》的伟大风景之后

一口气访遍《伊利亚特》的伟大风景之后，我突然了解了开头那段话："缪斯，你要歌颂的是愤怒。"所有人都知道，阿喀琉斯的愤怒旺盛而勃发，若强大的力量回应隐秘的内心运动的话，我们的敌人应该预想着骇人的画面。试想那些漫漫长夜里，他跳上军床，仿佛鱼跳上草地，等待温柔的黎明女神欧若拉（Aurora）降临，以便再一次将赫克托耳的尸体绑在马车上,绕着帕特洛克罗斯[1]的坟墓拖行三圈。阿喀琉斯之怒,对;但诗的本质在于让文字根据出现的位置来发光。"缪斯,你要歌颂的是愤怒。"众神之怒与凡人之怒;宇宙之怒;酒林肉池所造成的后果。这股世界的力量在每个英雄之间轮替,某一天是狄俄墨得斯(Diomedes)愤怒,另一天是墨涅拉奥斯(Menelaus),再另一天则是小埃阿斯(Ajax)或萨尔佩冬(Sarpedon)或赫克托耳,仿佛被某位神明戳中。请注意,他们无一不清楚这是一场疯狂的战争,最好能商议和谈。在那个当下,他们祈求誓约守护神,即伟大的朱庇特,但打破停战协议的正是众神;这表示愤怒的力量是天然的力量。

我不认为谁能把战争描述得更好,也清楚那些歌功颂德的史诗为何出差错,因为它们在说谎。史诗想表达人是为了正当理由而挣扎。挣扎,请接受这个说法,但人能为了正当理由而挣扎吗?整场战争都发生在一个完全不肯睡的人身上,他用自己的力量与自己奋战,撕裂自己。如果他连对自己都不怜悯,又怎么可能去同情别人?人们祈求利益、权利、公

---

[1] 根据《伊利亚特》,在太阳神阿波罗的协助下,赫克托耳杀了阿喀琉斯的好友(有一说为恋人)帕特洛克罗斯。阿喀琉斯在盛怒之下,不但杀死赫克托耳,还将他的尸体绑在马车后拖行以示亵渎。

平，然而所有战争都在对参与作战的每个人行摧毁、不公、攻击、伤害和致死之事。这矛盾在我们和荷马笔下的英雄们看来，无不令人惊讶，而我们说得更好："举头三尺有神明。"我们最好看看这身肌肉以及在肌肉群之间传递的爆发力。这之中没有任何神秘之处，却是应该要知道的事，是最大的秘密。因此，没有比为了和平反对战争而发怒更疯狂的事了。如果他是个像马基雅维利（Machiavelli）那样把战争当成田野或葡萄园来对待的人物，他应该会不屑这种追求和平的愤怒，明白自己为何总能获胜。但他完全没有马基雅维利的理念，这又算是一个我创造出来的神。这个老人试着出拳，骨瘦如柴的愤怒；他可以杀人也可以被杀，他欠缺的只是力气。

因此我说，必须超脱再超脱，首先在自己心里淡化思想这种惊人的效应，它让人们讨论文法时倍感压力。蒙田最美的篇章透露，在战火掠夺的当时，他从容地敞开门，并站在门前；而这些段落从未见引述。"我削弱了军方的计谋，在他们的征讨中除去偶然及所有军队荣耀的成分，他们长久以来以此为借口：在公正已死的时代，英勇的行为必然是值得崇敬的行为。"而我也想引述那一篇的结尾，真正充满智慧的一段话："在那么多备有武器的人家中，据我所知，以我的身份，全法国，只有我，纯然信赖上天会保护我，从来不曾吝啬供奉银餐具、头衔、壁毯。我不想为自己忧惧，也不要只被救赎一半。如果完满的感恩能换来神的恩宠，那么它会跟我持续到最后；否则，我仍然有足够的时间让我的一生受到注目并值得收藏。怎么做？有三十年可做。"如果你问：这份也许堪称独特、不带愤怒的勇气何处可寻，我会告诉你：它藏在《随笔集》(*Essais de Montaigne*)[1] 里。不过请你自行去寻找章节和页数，这样可让你避免去寻找敌人。

1929年7月20日

---

[1] "essai"这个词的原意是"尝试"，用于文章上，指的是一种特殊的文体，有"浅论"之意。

85

行动,无论在这里或那里,甚至任何时间任何地点,皆能为我们化繁为简,给我们平静。

一旦想描述邪淫

一旦想描述邪淫、堕落以及这类与肉体快感相关的冲动,总难掌握分寸。我一点也不相信尤维纳利斯(Juvénal)[1]曾经做到,也不相信左拉(Zola)[2]曾经做到;更遑论我们从来不缺那类卫道人士。我同意他们立意良善,以惊吓、冒犯,甚至恐吓来动摇我们无非是为求好的结果。在此,我担心的是来自身体深处的悸动皆彼此相连也都模糊暧昧,以至责备之

---

[1] 生活于公元一到二世纪的古罗马诗人,作品常讽刺罗马社会的腐化和人类的愚蠢。
[2] 十九世纪法国自然主义小说家和理论家。

怒与渴望之怒两者间并没有明显的差异。我要做的不是责备，而是解释，但那并不容易。

柏拉图以率直、力量和谨慎，恰如其分地写下了意见，如人家在《理想国》中所读到的。读到这部巨作的第八部，你就算认识了这位心灵医生。这些思想完全不该被简化，但我从这部作品中汲取到一种强而朴实的特质，能以间接的途径传授。有个人突然产生欲望，想看城墙上示众的死刑犯尸体，他既无法克服，也无法驱逐这可憎的念头。他愤怒地冲上前去，对自己的双眼说："去吧，我的眼睛，饱尝这绝美的景观吧！"这个例子将那棘手的主题直接抛向我们，清楚展现出这些基本情绪的暧昧不明，以及恐怖和欲望如何经常角力。但首先请了解，此处有一种猛烈的药方：亲身感受会比纯粹想象有益；根据这个观念，我想进一步言明：实际去做比感受更有益。拉伯雷（Rabelais）[1]说得好，有好几种自然天性可安抚我们；通过实现完成，欲望总会降低到正常的程度。

我需要对比，以一种全新且困难的主题来比较。有一种关于战争的谜，内容充满错误甚至扭曲的观念，唯有那些想

---

[1] 弗朗索瓦·拉伯雷（François Rabelais，1493—1553），文艺复兴时期法国代表作家，最重要的作品为《巨人传》。

象战争的人才会有的观念。所以，去吧！朋友们，尽情饱尝；你们会得到准确且纯正的观念。在我今日想写的文章里，我要做的只有指出：想象是最要不得的事。

因此，梦想这些事物的人，以及为了做这些梦的人而描述那些事物者，会尽可能地偏离事实，把没有行动实践就不该当成目标的对象视为思考对象，也许就此造了最大的孽。行动，无论在这里或那里，甚至任何时间任何地点，皆能为我们化繁为简，给我们平静。如同洗净所有对杀人的饥渴，甚至所有愤怒，成为解甲归田的战士；欲望满溢胸膛的人因而超脱了想象。于是，人们以为我鼓吹的是去纵情狂欢；但你们绝不会这么做。一个放荡者的生活一般只有酗酒与下流两大部分。然而根据我的观察，在完全无法脱离放荡生活的人身上，徒留酗酒，未见下流的痕迹。同样地，在所有不顾节制的人身上，保留了野心、热烈的赌性、爱，所有艺术形态——绘画、图画、雕像等；但下流仅是一时，不会留下些什么；那是想象、异梦与胡思。这类邪淫唯透过书写存在文字中。而让邪淫存在的文字本身也完全是假的。请读司汤达，他纯正，当然不是因为虚伪，而是有正直的判断力。

1924年2月18日

86

倘若不懂去爱，何来真正的勇气。

关于言语，孔德曾写下卓见

关于言语，孔德曾写下卓见，且不厌其烦地赞叹"心"这个字在意义上的高度模棱两可。关于这一点，人们大可尽情深思，却没有人会想到去矫正言语。对此，民间智慧不给建议，而是直接下决定。世代相传的经验经过无数尝试，并根据人类共同的天性所累积出的用语，远远胜过我们薄弱的贡献。了解自身用语的人，他所知道的事远比他想象的多。

"心"这个字既指爱情又指勇气，并将两者提升到胸腔的位置，资源与分配的位置，而非口欲和需求的位置。这项提示将勇气，尤其是爱情说明得更清楚。因此这位对生理学有研究的思想家得以避免混淆激情和利益；每当用一般语言思考及写作，他便保持警醒。就像这样，透过文字的亲属性，笔尖下流露出不止一种伟大的真理；而诗人比雕塑家更常遇见幸运的机会。所以，何必费心先思考再表达，思考与表达可同步进行。思而不言，犹如想在开口唱歌之前先凝听伴奏的音乐。

不过，让我们这个美丽的字再度发声吧！如哲学家所言，心有两种。男性之心特别侧重勇气，女性之心多偏向爱。但两种意义互相辉映。毕竟，倘若不懂去爱，何来真正的勇气。所以，一个人的恨并不会与战争同行，而表达骑士精神的方式是我们接收到的，并非自己创造出来的。另一方面，如果不懂大胆冒险，追求所想，完满的爱也不存在。所以，忠诚与爱会同时浮现。而我们名之为仁慈的那种纯粹的爱，则是自发性的，我甚至要说是勇敢的。坚持己见，期望对方值得被爱的，则是悲哀的爱。然而母亲并不期望孩子值得被她爱。她勇于期待，而勇于期待某个人，就是爱。与这项珍贵慷慨毫无关联的感受萦绕在横膈膜下方，永远不做任何宣誓。没有人能忍受因为美貌被爱，或因为功勋被爱，或因为所提供的服务被爱；于是心中上演一出又一出戏，来自这如此名副其实的心。

只要上了轨道，便很容易领会这些发展。我比较想另外举一些例子，并邀请读者自行去找其他例子。"需要"这个字也有一种不易掌握的抽象意义，但常用意义却立即提醒需求对我们有多么重要。孔德兴致勃勃地沉思这种双重意义。人们说"公平的精神";这么说的同时,不可能不显示看似离我们很远的公正性,并又立刻显示不公平这个使我们铸下大错的罪魁祸首。人们也说"正直的精神",而"正直"这个词所借助及保存的观念,无法脱离几何学上的"直"。"激烈地爱",这立即令人联想到奴性与痛苦;在此,话语以宣告的方式说出。我想再引用以下几个例子:好感、仁慈、崇拜与文化、天赋、优雅、高贵、精神、财富、验证、恼怒、信仰与好意、情感、秩序。如孔德所做的一样,我也坚持"人民"这个词的双重意义,其中包含了一堂政治课。懂得这个词要说什么的人有福了。蒲鲁东(Proudhon)[1]这个灵感丰富的人,竟想出这种方式来驳斥与他同时代的一位哲学家,批评他的文章写得不好,而这个表现足以说明一切。文章写得好,不就等于要根据文字的亲属性发展,而那其中包含着深奥的学问?亚里士多德在他最艰难的研究作品中,常这么说:"这响声听起来不对。"

1921年9月16日

---

[1] 皮埃尔-约瑟夫·蒲鲁东(Pierre-Joseph Proudhon,1809—1865),法国互惠共生论经济学家,无政府主义的奠基者。

社群

87

> 爱令人想要赞美，并一定找得到可赞美之处。这便是纪念的意义。

孔德是少数了解纪念意义的人

孔德是少数了解纪念意义的人，虽然毫无疑问，所有人都参与纪念。在这方面，第一个该记住的重点即动物完全没有对逝者的崇拜；因此这位哲学家大胆做出结论：动物根本没有社群。高筑毫无用处只会挡路的纪念建物，这是专属人类的特性。逝者争夺生者的空间。如果怜悯心发挥该有的作用，不久之后一切都将属于已逝的人，所有石板都被封为圣品；人的所有脚步都将停下，为了祈祷、为了屈膝跪拜。祈祷，那是对着坟墓冥思。但是，该说些什么？该想些什么？人保存已逝之人，同时又抗拒他们。光是阴魂不散这个想法就让人起鸡皮疙瘩。所以，难道应该一次又一次地杀掉死人吗？

完全不是这样，正好相反，应该要解救他们。因为，首先，他们的立场令我们不快。他们说出我们的弱点，一副令人动容的形象，我们几乎想责备他们，一如几乎想责备我们的祖先，他们什么都需要，却再也没有一点用处。这些想法丑陋又大逆不道，只要无法摆脱，逝者的确会再回来，样貌骇人。人人都感觉得到：必须废除这些想法。那并非要遗忘逝者，反而是要重建他们真实的存在，我的意思是，重现他们最美好的时刻。这才是我说的为逝者祈祷，没有人会想成其他的意思。

很显然地，我们绝不会把死者的尸体丢给野狗和狼群，于是，转向竖立一座纪念雕像；同样地，我们也绝不会把记忆停留在受惊吓的想象所呈现的状态，那种想象与野狗差不多。反之，我们会以虔敬之心，搜集零落的残骸，洗净、抹除生病甚至岁月的痕迹；因为我们对逝者的态度应是一想起他们，便会感到愉悦。于是，出现那样一个时刻，逝者不再消逝；也就是说，他们在我们的记忆中占有一席之地，绝非由于他们软弱，而是因为他们强大：因为他们的美好，他们的美德。有了那样的时刻，逝者不可能再逝去。

依据其重要性，这美妙的灵魂操作或短或长。渺小的逝者偶尔还跟儿子和孙子说说话，伟大的逝者则不断对所有人说。无论渺小或伟大，这自然形成一则传说，丝毫不独断也不虚假，而且比历史更真实。事实上，我们太清楚：他们经常被低估，最终被各种事物消除。不过为什么要考虑这些呢？那根本不是属于他们的存在。他们的存在充满能量；这就是为什么提及他们的时候，我们总说得像是他们克服事故后会呈现的样貌。关于这一点，对亲族的孝心绝不骗人。孝心的表现就是直接塑像，而作品确实一定会呈现力与美；倘若不是力与美的结合，就是大逆不道。同样地，伟大的人也只留下伟大的部分。他所犯的所有错误都被移除，的确那也不是他的错。这种玄学晦涩不明，但其中有爱。爱令人想要赞美，并一定找得到可赞美之处。这便是纪念的意义。

他的结论是：我们的典范比我们有价值，甚至他们死后也比生前有价值。法官死后，没有任何事物能骗他，或者贿赂他；透过他，我们可静静地沉思公平正义。而透过亚历山大大帝与凯撒，我们思量的是一种他们永远不可能企及的神勇。如果将人类当成一长串知名逝者的列队，我必须说，全人类这个族群比单独一个人有价值；而这等于在说雕像比人美丽，诗歌也比人美丽。所以，唯有常怀念逝者，并透过他们来想象比自己更高的境界。因此，赞扬之举能不断提升我们。高乃依[1]提升了《波利耶克特》(*Polyeucte*)，而我们则捧高了高乃依的地位。有人会说：这么一来，我们就不会再去找殉道者了。当然会！当然会！假称的宗教只不过是真正宗教的一面，那即是对死者的崇拜；而我们从高乃依和波利耶克特那里保存了殉道者真正的内心运动，那就是蔑视强权、威胁和暴政。再一次，我们的典范是想象的产物，但如果我们不塑造这样的典范，会连如何站着行走也忘记，再也不懂得该一脚踢翻偶像，那是每分每秒都要做到的事，是孔德透过逝者掌控生者这个说法所要表达的事。那是属于秋天的想法，在那个季节里，胡思乱想如此自然地朝美丽而又那么快结束的夏日倒退回去。到了冬天，脚步声将清脆些，洗净的大地上，未来指日可待。

1935年11月2日

---

[1] 皮埃尔·高乃依（Pierre Corneille，1606—1684），法国古典主义悲剧的奠基者，与莫里哀、拉辛并称法国古典戏剧三杰。以西班牙民族英雄为蓝本创作的《熙德》被认为是高乃依最成功的剧作。下文所提《波利耶克特》亦为其创作之一。

88

> 天才在经过长时间的学习后，一眼便察觉出蓬勃旺盛的发展性，如同园丁能辨认出会结出丰硕果实的枝干，而剪掉其他树枝。

应该向杰出的庞加莱致敬

应该向杰出的庞加莱致敬，科学界刚失去了他。但该怎么做才好？他条理清晰，从近年来广为阅读的那些红皮书的概述中可看出，他的思考经常显露出深奥的意涵。但他个人的内在思想却在另一个层面发展。如莱布尼茨所说的，那些了不起的"缩写"将经验中的事实转译成公式，然后仅借着纸和尺，让经验里所有的皱褶得以舒展开来。于是，在这些抽象的观点和象征的各种世界之中，进行着一场有秩序的幻梦，一种直觉，一种预感，一种真正的猜测，如同其他东西在物品的世界之中那样。这是专属天才的研究类型，只是在数学上比在其他所有领域都更必要。毕竟如果需要辛苦尝试所有可能的组合，一切将永无止境。但是天才在经过长时间的学习后，一眼便察觉出蓬勃旺盛的发展性，如同园丁能辨认出会结出丰硕果实的枝干，而剪掉其他树枝。因此我认识的一位也非常有天分的年轻数学家说：数学比人们所想的更近似诗。

今天早上，我重读这位深奥的思想家的作品——为了轻松消遣一下，他描述了发明过程中的灵光和狂想。他的思想永远是在深渊上搭起桥梁，存在着一种证明上的严谨，人们如今可以在基础几何学中，甚至高等几何学的某些部分中欣赏到。但我们必须知道，这项将探索和修订准备就绪的工作，容我这么说，是在发明本身出现之后的一项自我批评的工作。在所有科学中，透过所有方法去推想，但尚未到能提出证明的阶段，是一个美好的时刻。比方说，当牛顿想到月亮像一颗弹珠或一颗苹果，也受地心引力牵制，但由于测量不够精准，又过了许多年方能使理论成形，向他人公开。在最远古的时代想必曾有一位梦想家，他假设：那个偶尔经过太阳的黑色圆体便是每晚固定照耀的月亮。可惜在我们所检视的例子中，其不寻常且不可捉摸之处，在于这些突如其来的预料能在抽象组合的领域作用；在此，根据各自的定义，刻写着X、Y、分数、根号，以及其他各种更没有修饰、更朴实的符号。其中一个神奇的世界刚随其创造者的逝去而宣告结束。

1912年6月20日

89

> 纯净的精神或独立的灵魂是自然的观念,而这项净化工作十分仰赖我们自身,以及我们是否注意用适当合宜的方式去想念逝者。

崇拜逝者的习俗随处可见

崇拜逝者的习俗随处可见,只要是有人的地方都有,而且各处的做法都一样;也许这才是唯一的崇拜,而神学只不过是锦上添花或手段方法。特别是在此处,想象力布下陷阱,展现各种表象,创造某种本能的恐惧,其中加入太少真正的虔敬。这类迷信回避去思考亡灵,因此反而与最自然的亲和感矛盾。于是,所有崇拜的努力都是为了抚慰这种几近兽性的恐惧。而较天真的那些宗教总觉得,若亡灵回到外表皮囊中,意味着在世的人献给他的敬意不够。哈姆雷特的父亲回来显灵了,因为他尚未复仇。另外有些幽魂则要求坟地下葬。这些习俗让人领会到有一种算是被动的方式,用在想念逝者上一点也不理想。所以，想念并非全部，这份回忆还有一项相关的义务，目的在净化逝者粗俗的外在观感，以便得到一种真实且值得尊敬的呈现。

亲和感最成功的目的即是装饰和美化人们之所爱，不过仍要保持相似不扭曲。大家都很清楚：这类考量对存活在那副尸体中的对象来说并不见得有益。这就是为什么，提及亡灵的缺点、卑劣或可笑是大逆不道之事；而意志也极力排除这类回忆，并总能成功。于是，比起造成激情与心情的低阶需求，已逝者具有某种更自由的存在；这样的想法普世通行。所以，纯净的精神或独立的灵魂是自然的观念，而这项净化工作十分仰赖我们自身，以及我们是否注意用适当合宜的方式去想念逝者。在此，我们了解：祈祷的起源是一场来自爱的冥思，只用来找回智慧、公正和善良，其他部分全部遗忘。

反之，根据孔德精妙的说法，逝者掌控生者，凭的完全不是他们生前的任性与缺陷，而是他们的美德，宛如净化过的模范。我们知道英雄如何封神，但这项转变并非英雄的特权，所有已逝者皆能以各自的功德成为神；而亲情永远能为他找出功德善行。因此，透过对逝者的祭拜，我们偏好的想念方式总比我们自身更好。与亡灵的交谈仿佛阅读诗人，我们透过赞美这种最普遍的幸福感受，聪明地从中汲取最美的思念与最好的建议。于是，我们本身也永远得到一些净化；所以应该要领悟到：逝者也为生者祈福。

1922年1月15日

90

> 所幸年轻的一代根本不靠传闻轶事来充实自己,他们抛开尸体,大步迈向活生生的成就。

效法逝者是一件大事

效法逝者是一件大事。我有一对好友,其中一人幸存,从他身上我发现了这个道理。一九一四年,两人皆是少尉,在一次攻击行动中一起倒下,其中一人活了下来。一位是性格颇为多愁善感的诗人,另一位则是遇到麻烦时容易武装自己,且以此自傲的农夫。这些南辕北辙的差异促使两人结下情谊。然而,幸存的那一位怀抱着对另一人的思念,最后给了他第二段生命:急躁的个性变得经常默默沉思;简朴、随和与喜悦,透过如诗般的友谊,由逝者身上传到了生者身上。我从未见过比此更坚贞、更美丽的悼念。

当人们根据孔德的主张说逝者掌管生者,生者必须了解他们要表达的是什么，指的其实只是父亲和祖先用他们的形式将热情传给孩子。人和动物都有这种束缚，并没有人们所以为的那般沉重，毕竟继承所得的形态适用于好几种行动。不过，从那些继承中得不到任何进步，反而是透过各式各样的机会，得到一种稳定平衡和静定的直觉。人有一项特质，那就是透过回忆来崇拜。先人被这种友善的思念美化，被尽可能地重现，忽视脾气、弱点和奴性。因此，千真万确地，逝者超脱了他们的肉体，开始一场新生活。他们的错误仿佛历经炼狱洗礼，脱离了自身，而他们的理念也透过冥思受到肯定，亦即透过祈祷，以及虔诚的纪念仪式。如今他们所拥有的生命一点也不艰难，完全不需违背自己、贬低自己或老去。出于敬意，他们只剩下值得尊敬的部分，而他们所留下的箴言比他们本身更珍贵。对伟人而言，这个结果，透过阅读、评论和精研的模仿，终有一天水到渠成；但同样的结果，基于各种类型的友谊、各种类型的孝道，在每个地方皆能实践。不朽灵魂的数量和德行愈来愈多。逝者的重量日渐增长，孔德大致是这么说的，不断地将我们不稳定的生命调整得愈来愈好。因此，无论来自天堂或来自炼狱，圣人的教义传达出生者与逝者之间真正的关系。

历史学者的研究则驳斥这些，他们异口同声地说荷马不曾存在。但没有任何荷马曾经存在，没有任何逝者配得上他的作品；因此，私人信件与平凡轶事的出版根本是大逆不道的行为，这样的状况在夏多布里昂（Chateaubriand）[1]、缪塞（Musset）[2]、巴尔扎克、司汤达，总之所有文学史上的牺牲者身上比比可见。圣勃夫（Sainte-Beuve）[3]则自成一派，永远假设最糟的状况，希冀以微小的原因解释庞大的效应。应让该死的人永远死去。但是，所幸年轻的一代根本不靠传闻轶事来充实自己，他们抛开尸体，大步迈向活生生的成就。而目前的我，在阅读某位作者时，一旦发现书页下方有注释，就无法继续，因为它散发尸臭。没有观念不来自祖先，只有年轻人相信观念。老人腐化世界也腐化自己；但等他们死去之后，年轻的一辈又会把他们救活。

1923年4月30日

---

[1] 弗朗索瓦-勒内·德·夏多布里昂（François-René de Chateaubriand，1768—1848），法国早期浪漫主义的代表作家。

[2] 阿尔弗雷德·德·缪塞（Alfred de Musset，1810—1857），十九世纪法国浪漫主义诗人、作家、剧作家。

[3] 夏尔-奥古斯丁·圣勃夫（Charles-Augustin Sainte-Beuve，1804—1869），法国作家、文艺批评家。

文化

91

> 你平庸，他就平庸；你渺小，他就渺小；你注重心灵，他就注重心灵；你强调肉体，他就强调肉体。

学生对我说："最可悲的不是用狭隘的原因与条件来解释一位天才艺术家……"

学生对我说："最可悲的不是用狭隘的原因与条件来解释一位天才艺术家，毕竟莎士比亚或巴尔扎克总能让我们沉醉，而这永远比历史学家那些无关痛痒的理由感人。但如果是关乎第一线的思想家，如柏拉图、笛卡儿或康德，我们追寻的是什么？是对我们的未来有益的观念。暂且同意，然而这不代表定论：我们最优秀的数学家和物理学家从笛卡儿身上已学不到任何东西，他给我们的指引仍然更好；我们年轻又无知，也没有这方面的研究天分。因为笛卡儿的观念完全不需事先备有那么多详细的学识。事实上，一旦开始阅读他的理论，尽管表面上有些故弄玄虚、晦涩不明，我们仍能清楚感受到他引领着我们走在智慧的道路上,也心知肚明:自己的悟性还不够,无法好好懂他。

"正因如此,我们得好好坐在索邦大学,听一位评论大师讲课。去吧!阿兰,只去一次就好,这样才能写几篇文章报复。显然,那位评论家对这位作者的观念一窍不通,这本已令人遗憾,但更严重的是他想向我们证明:这些已经过了两个世纪的古老书籍里根本没有什么好懂的。他把笛卡儿赶回那个时代,驱逐他,放入玻璃橱窗,展示在错误博物馆中,并禁止触碰。如果在笛卡儿的书里真的没有什么好懂的,就连领会基本价值也不需要,那也就不该再提它。但这不是真的,在这位优雅的验尸官要我们跟随送葬行列之际,我猜这位死者根本没死,他被带到地面上的,是蓬勃有朝气的精神,却没有人愿意帮我去了解他。这算是文化的一部分吗?"

不,我绝不会撰写报复性的文章。对那些贬低并扭曲一位大艺术家的人,我感到愤怒。因为我认为,只要有颗宽大的心,便会懂得欣赏。可惜光有一颗宽大的心并不足以明白了解;你那位评论大师想必没有恶意,他欠缺的是悟性。而在关乎柏拉图或笛卡儿的时候,谁又能自吹自擂说他懂得够多?他曾阅读过,并以自己的方式去消化;你还要求什么呢?一位艺术家如同一尊美丽的雕像,但是一名思想家应被拿来整个重建；每个人都用自己的尺度去树立他：你平庸，他就平庸；你渺小，他就渺小；你注重心灵，他就注重心灵；你强调肉体，他就强调肉体。总而言之，如果由于保姆的疏忽，笛卡儿小时候被猪吃掉了，它们就会把他转变成灌香肠用的肉。

          1911年2月3日

92

代代相传的唯有结构,其他一切净是群体的外在特质。

动物没有远见

动物没有远见。但我们应该自问:一旦某种至高权势,如威尔斯(Wells)[1]书中的火星人,将人类的存在贬低成老鼠一般,人本身是否愿意多做思考。请注意:苦役犯或牢犯的境遇远比老鼠好得多。囚犯发挥某种功能,他是一群人的核心:狱卒、书记官和法官以他为焦点;某种程度上,他甚至是主席;众人皆努力猜测他的想法,这份用心亦是一种致敬,

---

[1] 赫伯特·乔治·威尔斯(Herbert George Wells,1866—1946),通称H.G.威尔斯,英国著名小说家、新闻记者、政治家、社会学家和历史学家。他的科幻小说影响深远,著有《时间机器》《世界大战》等书。

甚至是高度的致敬。不过，一切让人相信，果真与众人分开的个人又回归到动物的条件；就像一头诞生在森林中的牛犊般，迅速地学会了年轻水牛的习性。这相当于我用另一种方式表达的：代代相传的唯有结构，其他一切净是群体的外在特质（costume）。

群体的外在特质便是风俗（coutume），但我要用原意来解释引申意义；与其说族群的服饰就是风俗，我想说风俗就是族群的服饰。动物完全没有服饰，所以完全没有风俗。用什么方式存在全由它们的形体决定。瑞士人的斧枪不顾持枪人的想法，变换所有动作；鸟的嘴喙也支配鸟儿本身；两者的差异在于，鸟喙是结构，而斧枪是族群特有配件。铲子也属于族群特质，警察的哨声、英国法官的假发也是。我们的房屋也算是群体的外在特质，而巴尔扎克丝毫没有忽视那种奇妙的关联：一段楼梯扶手、一张座椅、古木家具、多少调整过的灯光，皆是我们性格的一部分；一如马甲、长裙、帽子和领带。赤裸的人也脱去了他大部分的思想，几乎可说是全部的思想。但赤裸的人尚未脱离族群的传统服饰。城市、房屋、耕作过的土地、舆论，甚至丑闻，这一切都还穿在他身上。整个历史穿在他身上，还有书籍、诗和歌谣。抹除这一切后，他的记忆只剩结构；而这一点，在我看来，将他所有行动拉回我们所谓的直觉。思想是族群特质的部分，或者，可说属于制度的部分，比我们所以为的更重要。

孔德对于动物的想法是一种强大的观念。他说，如果马匹和大象透过社群、纪念建物、档案、庆典仪式，为自己创造出一种我刚才所定义的族群外在特质，我们将丝毫无法知道它们会怎么想、怎么做。事实上，人类完全不让它们有此闲暇。吉卜林（Kipling）[1]曾根据猎人们的叙述，想象象群在森林深处，一块它们自己踩踏出来的林间空地上跳舞。这块保留了舞蹈样式的空地即是一种初步的族群特定地。但猎人很快就发现了这座殿堂，并驱散了这即将开始萌芽之宗教的信徒们。根据各种可信实情显示，完全没有闲情跳舞的动物也没有任何思考的机会。由于代代相传的过程中，除了生物结构，什么也没留下，行动永远回到原点。并非因为蜜蜂会筑巢，就能说它们形成社群。必须有一个古老的蜂巢充作崇拜对象，最后还要有逝者，根据孔德著名的说法，掌控生者的逝者；但请不要误会：掌控并非通过结构的传承，而是群

---

[1] 约瑟夫·鲁德亚德·吉卜林（Joseph Rudyard Kipling，1865—1936），生于印度孟买，英国著名诗人、小说家，1907年诺贝尔文学奖得主。著有《丛林之书》《原来如此的故事》等书。

体特质，如殿堂、工具和书库。传统是事物，而非观念。

所以人类历史是符号的历史，或者，用其他的方式来说，是宗教的历史。精神的启发凭借的是言语的持续养成，也就是说，透过符号的诠释。光达成行动还不够，还需要符号才能反思。符号孕育意义，起初神秘如谜，而这正是思想的写照。诗人还懂得赋予诗句符号的模样，以便用多多纳的声响唤醒灵性。

1923年4月28日

93

人的特质想必在于会集体受骗,而且十分固执己见。

我喜欢孔德提出的这个观念

我喜欢孔德提出的这个观念:他说或许象群、马匹和狼群只不过是缺乏建筑陵墓、神殿、剧场并在里面或附近聚集的余裕罢了。这些动物的构造看起来完全不比我们低等。昆虫跟我们的差别很大,但它们的工作成果令我们惊讶,让人看到它们的感知力一点也不逊于我们;而它们的躯体调节得非常得宜。仔细观看,所有动物所欠缺的,是纪念物,亦即流传下来、能够教导下一代的物品;而在纪念物之中,也必须算上工具。动物身后只留下与它们长得像、并根据它们的躯体重新安排生活的生物。蜂巢对蜜蜂本身来说是一种新开始,而这些惊人的合作组织完全不算形成社群。

形成人类社会的，即是社会本身，那是另一种类型的遗产。屋舍、神庙殿堂、陵墓、铲子、轮子、锯子和弓箭、界碑、铭文、书本、传说、崇拜、雕像，总之，这整个逝者对生者的掌控，根据帕斯卡的名言，让人类仿佛合为一个不断学习的整体。如果人的生存和老鼠一样困难，如果他必须全部重来，我们可以打赌：在他短暂的一生中，他必然走不了多远。我们极少听说有人能独自在荒岛生存两三年。达尔文举出了一个例子。那人被找到时，一点也不聪明，外貌依然是人的模样，就像鲁滨逊那个虚构人物，但行为比较像猴子：语言、礼教、省思、如梦般的回忆，总之，所有人该有的样子，全部忘记。基于更好的理由，我们应该去相信，如果人被某种更强势的族类贬低到老鼠的境地，永远急急忙忙，一副受到威胁的样子，而且填不饱肚子；照理说，他可能会变成灵巧的猎人，如同所有飞禽走兽，却不再有丝毫进步，也不会有任何自我反省的迹象。于是，思想将既奢侈华丽又毕恭毕敬。

这种想法延伸得很远，直到认真正视最近出现的社会学家，即使他们对我们一点帮助也没有。在我看来，他们目光如豆，争论一些晦涩不明或不确切的文献，组成两三个学派互相吞并。然而这只是表象。他们的共同始祖是孔德；他所引发的冲击得到良好的主导，研究的蓝图规划清晰，以至即使他们在两寸之外监控自己正在动摇的石块，大楼仍被这些短视近利的研究建立起来。

我回归孔德这美妙的迷思，在我看来，关于所谓比我们弱小的同胞，他形容得最淋漓尽致。弱小的同胞欠缺思考，或者换个方式说，思虑欠周。他赋予他们所有实用头脑的特征：他们聪明、狡猾、经验丰富。他们有自己的语言，讲的是有难同当。他们缺少对符号的热爱。他们没有趁着典礼或舞蹈的空档交谈；面对坟墓这个符号之父，他们不会停下脚步，添上一句祈祷。他们欠缺敬意，或换个方式说，缺少自我节制之礼貌，总之，缺少让我们一起形成一种观念的礼节共识。此外，那观念还是错的。老鼠绝不出错，因为它根本不思考。人的特质想必在于会集体受骗，而且十分固执己见。这种顽固与紧咬着骨头不放的狗全然不同，基于在狂热的信仰上取得共识的需求以及不可变动的实验，造就出一门完整的学问。偏见是构成人的实质内容。

1925年12月

94

> 心灵之无限，以及对自身死后重生的兴致，绘画艺术已在表达这些秘密，而音乐表达得更完美，诗又表达得更好。

法国人遇见黑格尔就落荒而逃

我不时亲眼目睹，法国人遇见黑格尔便落荒而逃，应该说，遇见黑格尔的幽魂就逃跑。我觉得这种慌张极不自然，毕竟一个会思考的人应该要有本事忍受任何思想。所以，只要面对系统中一个微小部分的逻辑，我们的思想家个个像野兔一样转身奔逃。这是怎么一回事？其中一项发现让我稍微明白了些，跟得上的话，你可以听听这个观念。一个在法国很常见的那种持念珠的天主教女信徒面对黑格尔那句"耶稣既是真正的神又是真正的人"，她仿佛受到极大的惊吓，不解为何一名追求智慧的人可以确定这种事。"这已不是信仰了。"她说。反观在另一个世纪，我国一位有名的哲学家曾勇敢地批评和否定。在他的思想中，宗教所留下的不过是一种希望或愿望，而那是因为我们的理性不足。这个人每天早上去做弥撒，手持一座烛台，以便阅读日课经。奉行宗教和思考宗教是两回事，甚至隔着无限遥远的距离，一如帕斯卡想说明的，而在找到足以证明上帝存在、对救赎多有贡献的有力证据以前，他不信上帝。

黑格尔一头钻入大自然，他将半兽人爱基潘（Ægipans）具体化，以他的方式说，试验凡间有血有肉的众神。他并不完全认为那是假的神，那不过是一种起始形态。埃及人的动物被视为不成道的神，但荷鲁斯（Horus）[1]的雕像仍对他的灵魂说话。希腊神明为我们洗去一身污泥。愚蠢并受限于习性的动物本能主宰自己，性灵蔓延到每一束肌肉的运动健将之间且有着天壤之别。运动健将从容平静，这强大的平静在朱庇特、阿波罗和墨丘利（Mercure）[2]身上备受崇拜。这才是人的模范，不再是老鹰、狼或鳄鱼等可畏的谜样动物，而是根据诠释与阶级，有君王之人、掌管和被掌管之人。亚历山大和凯撒两位大帝皆曾让这位神明下凡一游。拟人论

---

[1] 古代埃及法老的守护神，是王权的象征，其形象是隼头人身的神祇。
[2] 罗马神话中，为众神传递讯息的信使神，他行走如飞。

（anthropomorphisme）并非错误。若说绝对真实之精神仿佛船难者载浮载沉，在活生生的形体中隐约可见，很显然地，同样的一种精神若出现在一位有智慧的国王身上，可以表达得更好。因此，从蛮族宗教到希腊宗教，人学到了很多。艺术作品即是见证：这种人类与超人类的形态所带来的充沛休憩至今仍令我们惊叹。

　　结束了吗？历史告诉我们，尚未结束。基督徒的革命代表一种比人形之美更高的价值。为求简短，我们这么说好了：心灵之无限，以及对自身死后重生的兴致，绘画艺术已在表达这些秘密，而音乐表达得更完美，诗又表达得更好。从某种角度来看，贝多芬和朱庇特或赫耳墨斯一样美；我们也大可说，从某种角度来看，细腻扼杀了美。而正如朱庇特只出现一次，但在他的范畴中永恒不灭，还有耶稣，他在另一个范畴里亦只出现一次便永远存在；这种外在形式之死，千真万确地扼杀了形体之艺术，甚至所有艺术：面对自由的灵魂，它们皆要臣服，甚至被否定。我试着确实理出重点，只求在字里行间中能够显现某种真实的历史和显然尚未发展成功的革命事实，仿佛一幅擦除了一半的巨幅壁画。如果我们古老的政治多少窥见这一点，我猜它会嫌恶地转头离开。毕竟宗教当然是必须的，而且，正如罗马人所言，我们可以为任何新兴神明保留一座祭坛，只要他像凯撒。基督教精神当初如此平静地被武力消化，真是令人赞叹。我们可以说，基督教精神是一种理想，其祈求的对象，对悲伤的人们而言是一股安慰的力量。但说它为真，说要尝试去想它为真且几乎信以为真，那就真的是大不敬。带着我的大赎罪券、小赎罪券、我的捐献、我的羽饰、我的念珠、我的圣水缸，一切已成定论。冷静下来，哲学家，屋里可摆着不少瓷器。

1931年12月27日

95

一开始太认真,反而使心智受到捆绑。

思考激怒人

思考激怒人。因为必须考虑普世性,也就是说,赋予所有性灵适用的法则,而我们做不到。在发展最为成熟的数学领域中,我们做得到;但那太容易,早从泰勒斯时代起,适用法则即已提供给各类性灵。一旦局势变得复杂,统理性灵、统领所有性灵的企图便会受到严峻的挑战。没有什么比反驳更让人惊讶;只要没有证据,一切显得愚蠢。人应该要多方冒险尝试,却不该抱持任何企图;这并不容易,因为谦逊无法启发任何事。不是小笛卡儿,不能仰赖自身智慧灵光的人,就是一个低弱的思想家;但根据自己的智慧贸然行事的人,不久便成为可笑的思想家。

我记得曾有一个非常单纯的人，我教他下棋。当他掌握了棋子的行进，仿佛得到神启一般，他对我这么说："现在我已经懂了，你再也赢不了我了。"透过这番疯狂的宣言，他把朋友变成敌人，每步皆输，他恼羞成怒，放弃整局棋。我错了，我应该刻意输一两次。好玩家极为难寻，我的意思是，懂得输棋不输脾气的人。但如果每次都赢，你就完全找不到这样的玩家了。在一场纯粹以心智比较输赢的游戏里，如何原谅每次都输的自己？心智号称平等，但立刻欺骗这美好的冀望。我猜，在小学课堂上，已经能找到狂热分子。他们曾跌过一跤，然后永远记恨在心，发誓即使不懂也要学。他们曾说出心中所想，但那毫无意义。他们再也不冒险。这就是为什么看起来如此单纯、总想引发评判精神的方法，并非没有危险。一开始太认真，反而使心智受到捆绑。

文化是一剂良药；我指的是，熟悉所有类型思想、探索所有作者、在支持或斥责之前，先想费心了解的一段漫长过程。适合儿童或青少年的心智游戏从来无关荣誉，如此才能学会不把思想观念当成诱饵一口咬下。了解，但不上钩，这是心智健康的问题。根据这个原则，追随伊壁鸠鲁的卢克莱修用稍显天真的想法让人们见识到一种令人激赏的谨慎：对于日月食、季节变换或陨石之类的现象，他希望解释不止一种，而是好几种；毕竟，他说，只需把神明赶开就行了。举世知名的麦克斯韦[1]将这个观念发挥到极致；他说，当某种现象有一种机械性的说法，就有了无限的解释。伟大的智者们透过假设推理，并懂得变换假设。而偶尔看似蛮横的笛卡儿懂得说他并不想夸称自己依照上帝的方式重建世界。这就是如实看待思想观念，做到这一点可不是小事。当一项奇迹或一招魔术出现在我的眼前，我要做的不是先去知道那个灵巧的人是怎么做到的，而是要为这个现象想象一两种可能的解释；然后静静等待实验，唯有验证才能说明实情。透过这种方式，我们才能建立自信，至少绝不会凡事不敢确定。

伏尔泰看得很透彻。人性之灾厄来自狂热激进；那只是冲动的思考，出自一种过度急躁的野心，并且很快就会失望。狂热主义并未真的式微，只是换了对象，或者应该说，只不过换了说辞。我相信政治激情之中利益的成分少于心灵的成分。一个灵魂无法忍受另一个灵魂、他的对手、与他想法不同的同类。这之中有尊敬，甚至有受骗的爱；这种瑕疵在古

---

[1] 詹姆斯·克拉克·麦克斯韦（James Clerk Maxwell，1831—1879），苏格兰数学、物理学家，其最大成就是提出了将电、磁、光统归为电磁场中现象的麦克斯韦方程组。

时导致火刑，在现今则造成大型的火刑，那就是战争。

1931年2月10日

和平

96

喜悦全然不是和平的果实,而是和平本身。

我感到肩膀上有一只小手

我感到肩膀上有一只小手,如小鸟般轻盈。那是斯宾诺莎的幽魂,他想对我耳语。"小心哪!"细微的声音说,"你自己别去模仿你想对抗的那些激情。那是一个古老的陷阱;几个世纪以前,愤怒为对抗愤怒而起,怜悯成了暴力,爱转为恨,总有一支军队替换另一支军队,永远用同样的手段羞辱他人追求的目标。千万别刻意看重令人悲伤的事。也就是说,关于人的奴性和人的弱点,尽量节制考量,做到基本就好。反之,关于品德或人的权势,尽量大方无妨:那是特地让人们开心和让自己高兴的节目,好让他们和你自己从此以后只要感到欢喜就愿意行动。"

微弱之声，被人过度遗忘。一个人所做出的愚蠢举动完全不是他的本意，虚荣丝毫不是他的本意，可恶的行为也丝毫不是他的本意。这些激动人心的表象其实只显露人面对外在因素时的软弱。一旦你们再也掌控不了自己的思想，只消唇舌一动，蠢行自然发生。不需特意悲伤，同样地，不需特意树敌和自讨苦吃，不需特意自吹自擂或恼羞成怒。所有的错误都来自放弃自己。在这个间接杀害他人的人身上，完全没有意志力，一点也没有，没有；但他让步、逃避，逃亡的过程中迫害他人。这场战乱灾祸中的一切都是外来的，所有人尽皆受苦，没有人有所行动。而这就是我们的热情被放大后的意象。所以，我试图羞辱、打击人类的软弱，却坠入虚空。这些毛病什么也不是，我没办法战胜它们。人本身的一切对他自身和他人皆只有好处。我想找出一位作者为这么多缺失负责，却徒劳无功。我永远只能找到一个在超出自己能力范围之处寻找其思想和义务的人。"当时我没办法。"所有人都像腓特烈大帝时期的那些士兵，感到刺刀抵在腰上，被人逼迫也逼迫别人。这屈辱的境地，不需多余地一再提醒他们。在此，若我以为他们对自己的所作所为感到骄傲，那我恐怕犯下最严重的大错。他们并不自傲，反而悲伤、愤慨、别扭。

关于战争，我们遇上了一个颇完美的诡局：人人皆辩称自己从不想要战争，并指控旁人。我远非认为这是个谎言，只是他们讲得有些心虚，事实比他们自己所以为的还要真，而胆怯的表现造成意想不到的表象。我一直期待，敌方的人民有天能透过他们的银行家、工人、政治人物、作家等各界代表将真实的想法公之于世，说出他们并不想开战，他们永远不想有战争，只有在情非得已、被逼迫的情况下才会参战。但是被谁逼迫？在这一片冷场与静默之中，出现的那头没有形体的怪兽，仅凭普罗大众的恐惧养成强大的威力。那么，你希望以恐惧压制恐惧？好个厉害的药方。但唤醒每个人心中的人性，鼓励他们皆依循喜悦和希望行事，借助战争及其显露的能量和对每个人的掌控能力，并引以为鉴，这些事绝非微不足道。所以，请大胆、彻底地思考一次敌方的勇气以及你的勇气，唯有透过这样的判断，方能宣告和平。我怕的只有懦夫，因此我怕的其实什么也不是；是我自己的担忧给了他们存在的空间。模仿我的那位哲学家，我想说：喜悦全然不是和平的果实，而是和平本身。

1921年7月12日